中等职业教育航空服务专业改革创新示范教材

客舱服务训练

第 2 版

主　编　于　晶
副主编　李伟松　郑艳秋
参　编　马玉兰　王　超　马欣宇
　　　　叶　宁　王　晔　李　松

机械工业出版社

本书从民航乘务员的工作实际出发,再现了民航乘务员服务工作的具体内容、工作程序、工作标准以及特殊情况的处理。本书以民航乘务员服务工作的程序为载体,包括航前准备、起飞前准备、客舱服务、降落后管理共四个项目,结合了民航乘务员相应的职业资格认证要求,涵盖了民航乘务员工作各个方面的具体要求。本书内容以工作过程为导向,在体现民航乘务员工作实际的同时还考虑了教师的"教"和学生的"学",根据民航乘务员的工作特点以及学生的认知规律,训练项目由浅入深,使学生能够根据教师要求,掌握岗位工作技能,逐步具备民航乘务员岗位专业能力和综合素质。

本书为中等职业学校航空服务、空乘服务专业的教材,也可以作为航空类专业学校的相关专业教材以及从事民航空乘服务从业人员的参考书。

图书在版编目(CIP)数据

客舱服务训练 / 于晶主编. —2版. —北京:机械工业出版社,2021.4（2023.8重印）
中等职业教育航空服务专业改革创新示范教材
ISBN 978-7-111-67794-9

Ⅰ.①客… Ⅱ.①于… Ⅲ.①民用航空—旅客运输—商业服务—中等专业学校—教材 Ⅳ.①F560.9

中国版本图书馆CIP数据核字（2021）第049785号

机械工业出版社（北京市百万庄大街22号 邮政编码100037）
策划编辑:李 兴 责任编辑:李 兴 张美杰
责任校对:张 力 封面设计:马精明
责任印制:李 昂
北京捷迅佳彩印刷有限公司印刷
2023年8月第2版第3次印刷
184mm×260mm・8印张・190千字
标准书号:ISBN 978-7-111-67794-9
定价:28.00元

电话服务 网络服务
客服电话:010-88361066 机 工 官 网:www.cmpbook.com
　　　　　010-88379833 机 工 官 博:weibo.com/cmp1952
　　　　　010-68326294 金 书 网:www.golden-book.com
封底无防伪标均为盗版 机工教育服务网:www.cmpedu.com

前 言

民航业是我国经济社会发展的战略产业。改革开放以来，我国民航业快速发展，规模不断扩大，服务能力逐步提升，安全水平显著提高，为改革开放和社会主义现代化建设做出了突出贡献。成绩的背后也面临着民航专业人才不足的困境，严重制约了民航业的可持续发展，培养一支高水平、高素质的民航乘务人员队伍以满足行业发展需求，更是迫在眉睫。鉴于此种情况，培养民航乘务人员的大专院校应运而生。由此带来的是对航空服务类教材的需求。这类教材的编写既要考虑民航业人才培养的要求，又要考虑教师如何教和学生如何学等问题。本书的编写拟解决同类型书涉及的"偏管理轻服务、重理论轻实践"的问题，旨在抛砖引玉，为航空服务类教材的编写进行新的探索。

党的二十大报告指出，"我们要坚持教育优先发展、科技自立自强、人才引领驱动""全面提高人才自主培养质量，着力造就拔尖创新人才"。本书最大的特点是将民航乘务员的培训内容与当前以工作为导向的课改相结合，根据民航乘务员的实际工作内容，以民航乘务员岗位的工作任务为引领，以工作流程为主线，以完成民航乘务员工作流程所必备的职业能力为依据编写，力求最大限度贴近乘务员的工作实际，契合当前各大院校进行的课程改革。为使教材更加具有实用性，本书在内容的编排上，结合了民航业相应的职业资格标准，以实用为指导思想，以掌握民航乘务员岗位的流程和要求为主线设置课程内容。为避免与本专业其他具有较完整的知识结构体系的课程在知识点上的重复，也为了避免过分追求全面而忽视了有关课程的独立性和完整性，在知识架构方面，本书将民航飞行的整个过程以服务时间的先后顺序分为四个完整又相对独立的阶段，以飞行预先准备、起飞直接准备、飞行空中实施、飞行结束等工作任务为切入点，介绍了乘务员在日常航班任务中的具体服务内容。

本书由于晶担任主编，李伟松、郑艳秋担任副主编，马玉兰、王超、马欣宇、叶宁、王晔、李松参加了本书的编写工作。在本书的审稿过程中，得到了中国国际航空公司乘务长贾坤老师的大力帮助和指导，在此深表谢意！同时，本书还吸收和参考了航空部门的有关资料，在此一并致谢！

为方便教学，本次修订增补了二维码微课视频及其他电子资源。凡选用本书作为教材的教师均可登录机械工业出版社教育服务网（www.cmpedu.com）免费下载。

限于编者水平有限，书中的错误在所难免，恳请读者批评指正。

编 者

二维码索引

序　号	名　称	二维码	页　码
1	航前准备会		9
2	头等舱应急设备检查		20
3	安全出口座位确认		48
4	关闭舱门		49
5	操作滑梯预位		49
6	安全演示		51
7	送报纸		60
8	特殊餐食发送		78
9	航空逃生		108
10	解除滑梯预位		118
11	开启舱门		119

目　　录

前言

二维码索引

项目一　飞行预先准备 ·· 1
　　任务一　接受航班任务 ·· 1
　　任务二　参加航前准备会 ·· 8

项目二　起飞直接准备 ·· 12
　　任务一　检查飞机客舱安全设备 ·· 12
　　任务二　检查飞机客舱服务设备 ·· 21

项目三　飞行空中实施 ·· 44
　　任务一　起飞前工作 ·· 44
　　任务二　准备餐饮工作 ·· 59
　　任务三　发送饮品 ·· 66
　　任务四　发送餐食 ·· 73
　　任务五　服务特殊乘客 ·· 82
　　任务六　着陆前工作 ·· 90
　　任务七　客舱应急处理——机上起火的处置 ···························· 95
　　任务八　客舱应急处理——迫降与紧急撤离 ···························· 101
　　任务九　客舱应急处理——释压处置 ··································· 110

项目四　飞行结束 ·· 116
　　任务　飞行结束后管理 ··· 116

参考文献 ·· 122

项目一　飞行预先准备

任务一　接受航班任务

 /学习目标/

1. 掌握航线知识。
2. 掌握航前准备的流程及内容。
3. 能够按照要求准备个人物品。
4. 培养学生认真做事的工作态度。

▶ 任务导入

假设明天有飞行任务，你现在要查看明天要执行的航班，需要开始复习相关的航线知识，并准备明天上机的物品。

▶ 知识准备

一、网上接受航班任务

乘务员在飞行前用手机登录航空公司飞行服务网，从网上了解自己未来一周所要执行航班的有关信息，如图 1-1 所示。这些信息包括航班任务及航班动态、航线资料、业务通告、乘客信息、乘务组人员信息、航站天气及其他乘务员准备情况等。另外，为防止意外情况的发生，每一航班还配备了备份人员。乘务员应及时了解自己的工作要求并着手进行相关的个人准备。

a)

图 1-1　登录航空公司网页并查询有关信息

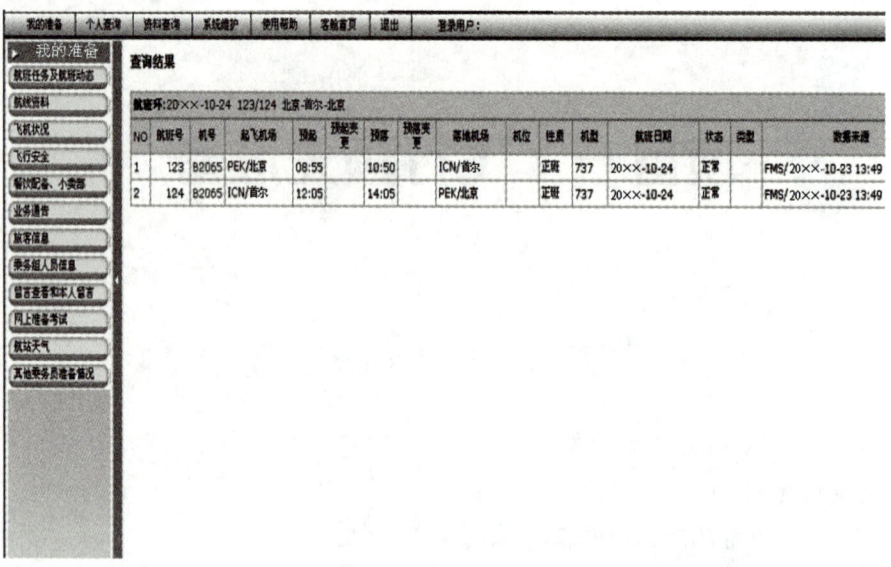

b)

c)

图 1-1 登录航空公司网页并查询有关信息（续）

例如，乘务员苏莹莹于 2019 年 1 月 24 日通过公司网站了解到自己所要执行的航班信息，见表 1-1。

表 1-1 航班信息

日　　期	航班号	机　型	人　　员
20190129	CA1501	B737-800	王娟（乘务长）、苏莹莹、陈凡、张芳、钱佳、陈倩

表 1-1 说明苏莹莹将于 2019 年 1 月 29 日执行航班号为 CA1501 的航班，本次航班的机型为波音 737-800 型，乘务组成员 6 名，其中王娟为乘务长，其余为 5 名乘务员，除苏莹莹外，还有陈凡、张芳、钱佳和陈倩。

二、个人准备

在了解了自己即将要执行的航班任务之后,乘务员应该对于本次航班做一些个人准备。个人准备的内容包括乘务员航线知识、乘务员所带物品。

1. 乘务员航线知识

乘务员航线知识的准备包括了解始发地和目的地的机场名称,本次航班的飞行时间、飞行距离、飞行高度,沿途经过的省份、地标,各号位岗位职责。当然,由于每一次航班的飞行时间、始发地和目的地、机型不同,乘客的需求也会不同,比如往来于上海与北京之间的乘客多以商务乘客为主,而往来于上海与三亚之间的乘客则以休闲旅游的乘客为主。那么在准备前往三亚的航班时,乘务员就应该多了解一些有关三亚的旅游信息,以便更好地为乘客服务。

国内航线知识,见表1-2。

表1-2 国内航线知识

方向	航线	时间	距离/千米	途经省份	沿途地标
东线	北京—上海	2小时25分钟	1 160	河北、山东、江苏	京杭大运河、黄河、长江、泰山、骆马湖、洪泽湖、太湖
	北京—南京	2小时15分钟	946	河北、山东、江苏	京杭大运河、黄河、长江、泰山、骆马湖
	北京—温州	2小时30分钟	1 578	河北、山东、江苏、浙江	京杭大运河、黄河、长江、泰山、雁荡山、骆马湖、洪泽湖、太湖
	北京—杭州	2小时20分钟	1 200	河北、山东、江苏、浙江	京杭大运河、黄河、长江、钱塘江、泰山、骆马湖、洪泽湖
	北京—青岛	1小时30分钟	635	河北、山东	海河、黄河、渤海湾、蓬莱湾、胶州半岛
西线	北京—西安	2小时20分钟	1 046	河北、山西、陕西	汾河、黄河、渭河、太行山、秦岭
	北京—成都	3小时25分钟	1 630	河北、山西、陕西、四川	汾河、渭河、嘉陵江、太行山、吕梁山、秦岭、华山
	北京—昆明	3小时50分钟	2 210	河北、山西、陕西、四川、贵州、云南	汾河、黄河、渭河、长江、太行山、吕梁山、秦岭、华山、滇池
	北京—乌鲁木齐	4小时20分钟	2 634	河北、内蒙古、宁夏、甘肃、新疆	黄河、天山、祁连山、燕山
	乌鲁木齐—广州	5小时10分钟	3 773	新疆、甘肃、四川、贵州、广西、广东	长江、珠江、天山、祁连山
东北线	北京—沈阳	1小时35分钟	633	河北、辽宁	密云水库、辽河、燕山、长城
	北京—哈尔滨	2小时05分钟	1 044	河北、内蒙古、吉林、黑龙江	滦河、西辽河、松花江、燕山、长城
	北京—延吉	2小时30分钟	1 030	河北、辽宁、吉林	辽河、松花江、图们江、燕山、长城、长白山
	北京—大连	1小时25分钟	607	河北、辽宁	海河、渤海湾

（续）

方向	航线	时间	距离/千米	途经省份	沿途地标
南线	北京—广州	3 小时 25 分钟	2 000	河北、河南、湖北、湖南、广东	黄河、淮河、长江、珠江、罗霄山、南岭、白云山
	北京—武汉	2 小时 25 分钟	1 120	河北、河南、湖北	黄河、淮河、长江
	北京—深圳	3 小时 25 分钟	2 146	河北、河南、湖北、湖南、广东	黄河、淮河、长江、罗霄山、南岭
	北京—海口	3 小时 50 分钟	2 543	河北、河南、湖北、湖南、广西、海南	黄河、淮河、长江、湘江、漓江、雷州湾、琼州海峡
	北京—香港	3 小时 30 分钟	2 265	河北、河南、湖北、湖南、广东	黄河、淮河、长江、珠江、罗霄山、南岭、白云山
	北京—厦门	3 小时 20 分钟	1 902	河北、山东、江苏、浙江、福建	京杭大运河、黄河、长江、富春江、闽江、骆马湖、洪泽湖、高邮湖、太湖、泰山
	杭州—大连	2 小时 15 分钟	1 192	浙江、江苏、山东、辽宁	杭州湾、渤海湾
	黄山—广州	2 小时	980	安徽、江西、广东	赣江、鄱阳湖
	南昌—深圳	1 小时 10 分钟	756	江西、广东	赣江、珠江
	三亚—北京	3 小时 55 分钟	2 715	海南、广西、湖南、湖北、河南、河北	黄河、长江、湘江、洞庭湖

2. 乘务员所带物品

携带物品准备是指乘务员在报到前应携带好有效证件、装具、相关资料及个人应携带的物品等。

（1）证件准备。乘务员应准备的证件包括：乘务员训练合格证、健康证、登机证、国际旅行健康检查证明书，且确认证件必须在有效期限内。

（2）相关资料的准备。乘务员应准备的资料包括：客舱乘务员手册，头等舱、经济舱作业指导书，乘务员广播词。

（3）个人物品的准备。乘务员应准备的个人物品包括：姓名牌、化妆包、备份袜、制服、手表、围裙、备份眼镜、飞行箱。如果是过夜航班，还应准备必需的日用品。

任务实施

第一步：上网查询工作任务。
第二步：复习有关航线知识。
第三步：准备携带的物品。
1）携带相关证件。
2）携带必备资料。
3）准备好个人相关物品。

考核评价

任务考核评价表 1 见表 1-3。

表 1-3　任务考核评价表 1

项目	评 分 标 准	小组自评	小组互评	教师评价	实际得分
仪容仪表	1. 穿着统一制服；女乘务员必须用发带盘发，不得有碎发；男乘务员头发前不过眉、侧不过耳、后不过颈；未佩戴饰品（手表、手链、耳环、项链等）；未染指甲，指甲干净（20 分） 2. 穿着统一制服；女乘务员用发带盘发，有碎发；男乘务员头发前不过眉，两侧和后面稍长，未佩戴饰品（手表、手链、耳环、项链等）；未染指甲，指甲干净（15 分） 3. 未穿制服；女乘务员盘发，有碎发；男乘务员头发过长，盖过眉毛、耳朵后和后颈；佩戴饰品；未染指甲，指甲干净（10 分） 4. 未穿制服；女乘务员未盘发；佩戴饰品；指甲不干净（5 分）				
姿态微笑	1. 站姿、走姿、蹲姿规范；微笑自然；服务时的眼神交流亲切（20 分） 2. 站姿、走姿、蹲姿较规范；微笑基本自然；服务时的眼神交流比较亲切（15 分） 3. 站姿、走姿、蹲姿不规范；基本微笑；服务时的眼神交流不到位（10 分） 4. 站姿、走姿、蹲姿不符合岗位标准；无微笑；没有眼神交流（5 分）				
文明用语	1. 能正确应用岗位文明用语，声音柔和、语速适中（20 分） 2. 能较准确地应用岗位文明用语，声音较柔和、语速适中（15 分） 3. 基本能应用岗位文明用语，声音僵硬、语速稍慢或稍快（10 分） 4. 不能应用岗位文明用语，语速太快或太慢、表达时出现错误（5 分）				
背诵航线知识	1. 背诵 25 项航线知识，没有错误（20 分） 2. 背诵 25 项航线知识，有 8 项以下（含 8 项）错误（15 分） 3. 背诵 25 项航线知识，有 9 项以上 12 项以下（含 12 项）错误（10 分） 4. 背诵 25 项航线知识，有 13 项以上（含 13 项）错误（5 分）				
物品检查	1. 所有携带物品齐备（20 分） 2. 所有携带物品中落一项（15 分） 3. 所有携带物品中落二项（10 分） 4. 所有携带物品中落三项（含三项）以上（5 分）				

注：1. 每小组 6 人，分别为乘务长、区域乘务长和 4 名乘务员。6 人需合作完成任务导入的情景展示。
　　2. 实际得分 = 教师评价 ×40% + 小组互评 ×30% + 小组自评 ×30%。

知识拓展

一、波音 737-800 机型简介

波音 737-800（见图 1-2）是波音 737 系列中的一员，波音 737-800 机翼的设计采用先进技术，不但增加了载油量，而且提高了效率，有利于延长航程。

波音 737-800 项目于 1994 年 9 月 5 日启动，1997 年 7 月 31 日首飞。1998 年 3 月 13 日，波音 737-800 获得美国联邦航空局的型号认证。1998 年 4 月 9 日，波音 737-800 获得欧洲联合航空局的型号认证。首架波音 737-800 型飞机于 1998 年交付使用。

图 1-2　波音 737-800

二、波音 737-800 机型基本数据

（1）机长：39.5 米。

（2）飞机高度：12.5 米。

（3）飞机翼展：（翼展不带翼梢小翼的飞机）34.3 米，（翼展带翼梢小翼的飞机）35.7 米。

（4）飞机客舱宽度：3.53 米。

（5）飞机最大航程：3 500 千米。

（6）最大飞行高度：12 500 米。

（7）最大飞行速度：980 千米。

（8）巡航速度：0.785 马赫（约为 962 千米/时）。

（9）飞机最大起飞重量：79 010 千克。

（10）最大着陆重量：66 361 千克。

（11）最大载油量：26 020 升。

（12）载客量：

1）单级客舱布局座位数：189 个。

2）两级客舱座位布局：头等舱乘客座位数为 8 个，1-2 排；经济舱乘客座位数为 159 个，左侧 11-36 排，右侧 11-37 排，如图 1-3 所示。

波音 737-800（167 个座位）
头等舱：1-2 排；8 个座位　　经济舱：11-37 排；159 个座位

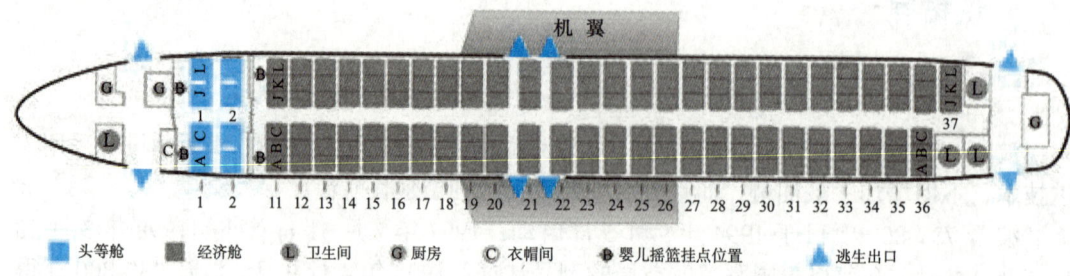

图 1-3　两级客舱座位布局

三、波音 737-800 机型发动机

波音 737-800 机型飞机有两台发动机，左右机翼下方各一台。单台发动机可以满足满载起飞的条件，飞行中，当有一台发动机不能使用时，飞行员会立刻寻找机场降落（见图 1-4）。

图 1-4　波音 737-800 机型发动机

注 1. 发动机型号：CFM56-7；2. 单台起飞推力：8 684 ～ 11 730daN⊖。

四、波音 737-800 机型辅助动力系统

波音 737-800 机型辅助动力系统（APU）安装在飞机尾部，它是一个涡轮喷气发动机，在地面和空中都可以使用。在地面，如果没有外接电源，APU 可以提供电力和引气。在空中，飞机在 17 000 英尺（约为 5 182 米）高度，APU 可以作为后备设备提供引气，但在空中它并不产生推力。

 练一练

1. 在表 1-4 中写出航线的主要知识。

表 1-4　航线主要知识

航　　线	时　　间	距离 / 千米	途经省份	沿途地标
北京—香港				
北京—上海				
三亚—北京				

2. 请写出航前准备中乘务员须携带的物品。

⊖ daN 的英文全称为 DecaNewton，即 10 牛顿。

任务二　参加航前准备会

/学习目标/

1. 了解航前准备会的开会流程及内容。
2. 能按照流程召开航前准备会。
3. 培养学生的语言表达和合作能力。

任务导入

假如你是某航空公司的乘务长,在航前准备会开始前5分钟已经到达了会议室,5名乘务员到达后,由你主持航前准备会。

知识准备

一、航前准备会的流程

乘务员到客舱部报到之后,要参加一个航前准备会。航前准备会通常在起飞前一个半小时开始,时间为20分钟左右,由乘务长主持。此时,乘务长已取得了本次航班的任务书,明确了与航班相关的时间、地点、人员等方面的信息。

航前准备会的具体流程如下:

(1) 在准备会上,乘务长检查乘务员的仪容仪表及相关证件,对不足之处进行提醒。乘务长向每一位乘务员说明所要执行的航班号、航线地标的情况、当天两地的天气状况以及当天所要执行航班的乘客状况,如乘客人数、有无特殊乘客等,然后安排每位乘务员的岗位职责,如图1-5所示。

图1-5　航前准备会

（2）乘务长以提问的方式请在座的乘务员帮助大家复习所飞机型的紧急设备的型号、分布及其使用方法。

（3）请乘务员复习各自的岗位工作职责以及在紧急情况下各乘务员的负责区域。

（4）最后，乘务长会例行复习防劫机预案及与飞行机组的配合问题。提问完后，区域乘务长对经济舱的乘务员阐述要求，如遇到事情要逐级汇报，并且尽量自行解决，如果解决不了再找区域乘务长解决。整个流程沟通完毕后，乘务长会提醒各乘务员集体坐车去机场的出发时间，并帮助各乘务员整理仪容仪表，等待出发。

二、进场

航前准备会后，乘务员要提前1小时登机，为下一阶段的工作做好准备。等候登机时，乘务员应保持坐姿端正，不大声喧哗，箱包应集中摆放整齐。就此，飞行的预先准备阶段结束，乘务员进入第二个工作阶段，即飞行直接准备阶段。

▶ 任务实施

第一步：乘务长检查乘务组成员的证件、资料、着装及专业化形象。
第二步：乘务长检查乘务员对此航线知识的掌握情况。
第三步：乘务长检查乘务员对应急设备布置、使用及处置程序的准备情况。
第四步：乘务长进行岗位分工，明确各号位任务。
第五步：准备各种应急情况处置方案及空防预案。
第六步：准备特殊乘客服务程序并传达有关业务信息。

▶ 考核评价

航前准备会

任务考核评价表2见表1-5。

表1-5 任务考核评价表2

项目	评分标准	小组自评	小组互评	教师评价	实际得分
仪容仪表	1. 穿着统一制服；女乘务员必须用发带盘发，不得有碎发；男乘务员头发前不过眉、侧不过耳、后不过颈；未佩戴饰品（手表、手链、耳环、项链等）；未染指甲，指甲干净（20分） 2. 穿着统一制服；女乘务员用发带盘发，有碎发；男乘务员头发前不过眉，两侧和后面稍长；未佩戴饰品（手表、手链、耳环、项链等）；未染指甲，指甲干净（15分） 3. 未穿制服；女乘务员盘发，有碎发；男乘务员头发过长，盖过眉毛、耳朵后和后颈；佩戴饰品；未染指甲，指甲干净（10分） 4. 未穿制服；女乘务员未盘发；佩戴饰品；指甲不干净（5分）				
姿态微笑	1. 站姿、走姿、蹲姿规范；微笑自然；服务时的眼神交流亲切（20分） 2. 站姿、走姿、蹲姿较规范；微笑基本自然；服务时的眼神交流比较亲切（15分） 3. 站姿、走姿、蹲姿不规范；基本微笑；服务时的眼神交流不到位（10分） 4. 站姿、走姿、蹲姿不符合岗位标准；无微笑；没有眼神交流（5分）				

（续）

项目	评 分 标 准	小组自评	小组互评	教师评价	实际得分
文明用语	1. 能正确应用岗位文明用语，声音柔和、语速适中（20分） 2. 能较准确地应用岗位文明用语，声音较柔和、语速适中（15分） 3. 基本能应用岗位文明用语，声音僵硬、语速稍慢或稍快（10分） 4. 不能应用岗位文明用语，语速太快或太慢、表达时出现错误（5分）				
服务内容	1. 准备会流程完整、正确（20分） 2. 准备会流程落一项，语言正确（15分） 3. 准备会流程落两项，回答的问题正确（10分） 4. 准备会流程落两项，回答的问题错误（5分）				

注：1. 每小组6人，分别扮演乘务长、区域乘务长和4名乘务员。各组需合作完成任务导入中的情景展示。
　　2. 实际得分＝教师评价×40%＋小组互评×30%＋小组自评×30%。

知识拓展

一、机场简介

北京大兴国际机场（以下简称大兴机场）位于北京市大兴区和河北省廊坊市交界处，北距天安门46千米、北距北京首都国际机场67千米，南距雄安新区55千米，为4F级国际机场、世界级航空枢纽、国家发展新动力源。

大兴机场于2014年12月26日开工建设，2018年9月14日定名；2019年9月25日正式通航，北京南苑机场随即关闭；2019年10月27日，大兴机场航空口岸正式对外开放，实行外国人144小时过境免签、24小时过境免办边检手续政策。

截至2019年9月，大兴机场有一座航站楼，面积达70万平方米；机位共268个，可满足2025年乘客吞吐量7 200万人次、货邮吞吐量200万吨、飞机起降量62万架次的需求。

2019年，大兴机场共完成乘客吞吐量313.507 4万人次，排名全国第53位；货邮吞吐量7 362.3吨，排名全国第70位；飞机起降量21 048架次，排名全国第88位。

截至2020年12月30日，大兴机场2020年乘客吞吐量突破1 600万人次，年度共计保障进出港航班13万余架次，进出港货物7.7万吨。

二、航站楼

大兴机场航站楼由法国ADP Ingenierie建筑事务所和扎哈·哈迪德（Zaha Hadid）工作室设计。航站楼按照节能环保理念，建设成为我国的标志性建筑。航站楼设计高度50米，采取屋顶自然采光和自然通风设计，同时实施照明、空调分时控制，采用地热能源、绿色建材等绿色节能技术和现代信息技术。

大兴机场航站楼主航站楼和配套服务楼、停车楼总建筑规模约140万平方米；航站楼设104座登机廊桥；地上地下一共5层，轨道交通在航站楼地下二层设站，地下一层是广场式的换乘中心，可以换乘高铁、地铁、城铁等，其中包括京雄城际铁路和廊涿城际铁路；地上一层是国际到达；二层是国内到达；三层是国内自助，快速通关；四层是国际出发和国内托运行李。

大兴机场航站楼形如展翅的凤凰，是五指廊的造型，以乘客为中心。整个航站楼有79个登机口，乘客从航站楼中心步行到达任何一个登机口所需时间不超过8分钟；航站楼头顶圆形玻璃穹顶直径有80米，周围分布着8个巨大的C形柱，撑起整个航站楼的楼顶，C形柱周围有很多气泡窗，主要用来采光，航站楼可抵抗12级台风。

三、航空货站

截至2020年6月，大兴机场航空货站面积为33.5万平方米，有3个国际货站、3个国内货站，年处理能力200万吨。

2019年5月28日，大兴机场南方航空基地国际货运站工程竣工，是机场首个竣工的货运站建设项目；作为南方航空在新机场的五大功能区之一，该货运站总建筑面积25 127平方米。

四、跑滑系统

大兴机场有四条跑道，东一、北一和西一跑道宽60米，长分别为3 400米、3 800米和3 800米，西二跑道长3 800米，宽45米；其中，西一和东一跑道间距达2 350米，为日后机场扩建留下了充足的发展空间；01L号跑道设ⅢB类精密进近灯光系统，35L号跑道设Ⅱ类精密进近灯光系统，17R、19R、29R、17L/35R号跑道均设Ⅰ类精密进近灯光系统，11L号跑道为起飞跑道。

练一练

请叙述乘务长开会的流程与任务。

项目二　起飞直接准备

任务一　检查飞机客舱安全设备

 /学习目标/

1. 掌握氧气瓶、海伦灭火器、水灭火器、防烟面罩的使用方法。
2. 会检查手提式氧气瓶。
3. 会检查手提式海伦灭火器。
4. 会检查水灭火器。
5. 会检查防烟面罩。
6. 能够按照号位分工对整个客舱进行应急设备检查。
7. 培养学生认真、负责的工作态度。

▶ 任务导入

早晨，某航空公司的乘务长王娟登上飞机后，开始给五名乘务员分配工作责任区域，并要求乘务组完成整个机舱安全设备的检查。

▶ 知识准备

一、氧气瓶

1. 氧气瓶的使用方法

（1）打开防尘帽，插上氧气面罩，逆时针打开氧气开关。
（2）确认氧气流出，将面罩罩在口鼻处，带子套在头上。
（3）停止使用时确认"开－关"阀关闭，如图 2-1 所示。

2. 容量及使用时间

（1）容量为 310 升。
（2）使用时间。①高流量。每分钟流出 4 升，使用时间 77 分钟；②低流量。每分钟流出 2 升，使用时间 155 分钟。

3. 注意事项

（1）氧气瓶周围 4 米内不能吸烟，应无火源。

（2）避免摔、撞氧气瓶。

（3）避免氧气与油脂接触，使用氧气瓶时使用者应擦掉浓重的口红、润肤油。

（4）当压力指针指示为500磅/平方英寸（1磅≈0.45kg，1平方英寸≈0.000 65平方米）时，应禁止使用，以便再次充氧。

（5）肺气肿患者应使用低流量。

（6）使用后填写"客舱记录本"。

4．氧气瓶的航前检查

（1）确认氧气瓶在指定位置并固定好。

（2）确认氧气瓶的压力表指针指示为1 800磅/平方英寸（红色区域），如图2-2所示。

（3）确认氧气瓶阀门保持在关位。

（4）与之配套使用的密封包装的氧气面罩与氧气瓶放在一起。

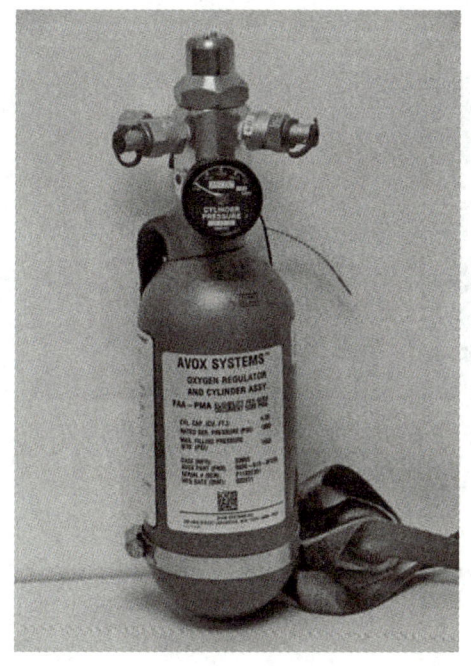

图2-1　氧气瓶

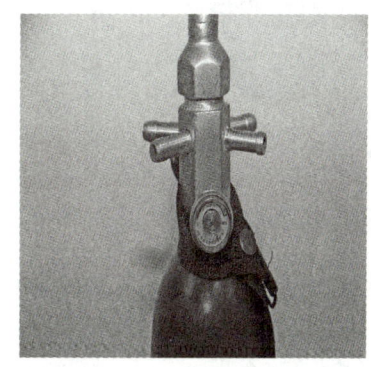

图2-2　氧气瓶压力表指针

二、海伦灭火器

海伦灭火器喷出的是雾状气体，会很快气化。这种气化物是一种惰性气体，可以隔离空气中的氧气，使火被扑灭。

1．海伦灭火器的使用方法

（1）海伦灭火器适用于任何类型的火灾。

（2）使用时拔下安全销，竖直握住瓶体，对准起火点底部边缘2～3米，移动灭火器喷向火源底部。

（3）使用时间约为 10 秒。

海伦灭火器如图 2-3 所示。

2．使用海伦灭火器的注意事项

（1）瓶体不能横握或倒握。

（2）不能将气体喷射于人的身上，以免使人窒息。

（3）使用后填写"客舱记录本"。

3．海伦灭火器的航前检查

（1）确认海伦灭火器在指定位置并固定好。

（2）确认安全销在穿过手柄和触发器的适当位置。

（3）确认压力指针指向绿色区域，如图 2-4 所示。

（4）确认海伦灭火器在使用有效期内。

图 2-3　海伦灭火器

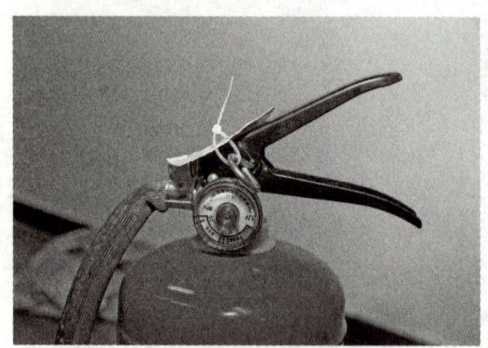

图 2-4　海伦灭火器压力表指针

三、水灭火器

水灭火器适用于纸、木、布类（A 类易燃品）灭火，目前只在波音 737-800 型飞机上配备。水灭火器如图 2-5 所示。

图 2-5　水灭火器

1．水灭火器的使用方法

（1）竖直握住瓶体。
（2）向右转动手柄。
（3）距离起火点底部边缘 2～3 米，移动灭火器喷向火源底部。

2．水灭火器的注意事项

（1）不能用于油类及电器类灭火。
（2）瓶体不能横握或倒握。
（3）喷射时间约为 40 秒。
（4）使用后填写"客舱记录本"。

3．水灭火器的航前检查

（1）确认水灭火器在指定位置并固定好。
（2）确认铅封处于完好状态，无损坏。
（3）确认水灭火器在有效期内。

四、防烟面罩

1．防烟面罩的使用方法

（1）拉动红色手柄去除塑料盖。
（2）撕开真空包装。
（3）观察窗朝向地面，双手用力撑开橡胶护颈。
（4）低下头，经头部穿好。
（5）双手向前用力拉动调节带，触发化学氧气发生器。
（6）向后拉紧调节带，确保面罩罩在口鼻处。
（7）若拉动调节带后无氧气流出，再用力重复一次，否则取下面罩。
防烟面罩如图 2-6 所示。

图 2-6　防烟面罩

2．使用防烟面罩的注意事项

（1）使用时间为 15 分钟。
（2）必须在无烟区穿戴和取下。

（3）戴框架眼镜者，必须在外部调整眼镜位置。
（4）当呼吸困难时，可能是氧气用完或穿戴不当。
（5）当观察窗上有水气或雾气时，重新穿戴或更换。
（6）取下防烟面罩后要充分抖散头发，以免氧气残留。
（7）化学氧气发生器工作时会产生高温，使用过后的防烟面罩应妥善存放，不要随意乱扔，以免引起火灾。
（8）使用后填写"客舱记录本"。

3. 防烟面罩的航前检查

（1）确认防烟面罩固定在指定的位置。
（2）确认包装盒未被打开。
（3）确认外包装铅封完好。

五、紧急撤离设备

紧急撤离时的设备有手电筒、救生衣、麦克风、应急发报机和救生船。

1. 手电筒

手电筒在乘务员座椅下方，使用时可直接拔出，不用时一直处于充电状态。手电筒的照明时间约为 4.2 小时，并需注意不能每次将电全部用光之后再充电，这样手电筒容易损坏。

手电筒如图 2-7 所示。

2. 救生衣

机组救生衣为红色，储藏在机组成员和乘务员的座席处。乘客救生衣为黄色，位于乘客座椅下方或扶手下方的储藏柜内。

救生衣如图 2-8 所示。

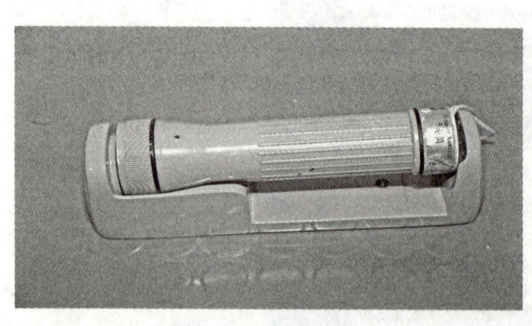

图 2-7　手电筒

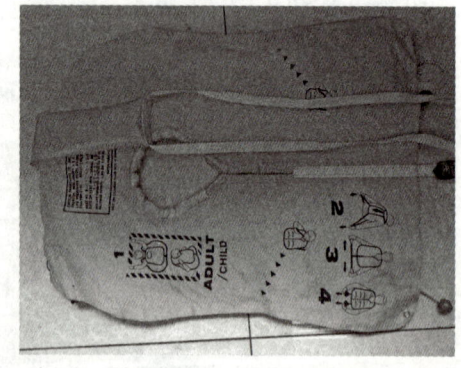

图 2-8　救生衣

救生衣的使用方法如下：
（1）撕开塑料包装袋上的封条，打开包装袋。
（2）从袋中取出救生衣，将折叠的救生衣展开。
（3）经头部穿好。

（4）将腰带从腰后绕回到前边。
（5）插好卡扣。
（6）调节腰带，系紧救生衣。
（7）充放气。
1）拉动红色触发开关。如果充气失效可用人工充气管充气。
2）按压人工充气管的顶部为救生衣放气。

3. 麦克风

客舱内左侧第一个行李架上和左侧最后一个行李架上配有麦克风。麦克风如图2-9所示。

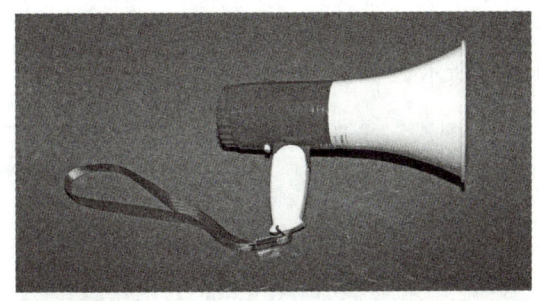

图2-9　麦克风

4. 应急发报机

应急发报机的使用方法如下：

（1）如果是在海水中，将发报机扔入水中，天线自动竖起，大约5秒后开始发报。

（2）如果是在陆地上，割断水溶带，拔直天线，把发报机放入装有水的封套内，注意水位不能超过标志线，周围不能有障碍物，大约5分钟后开始发报。

（3）每次只能使用一个，使用时间约为48小时。

应急发报机如图2-10所示。

图2-10　应急发报机

5. 救生船

只有跨海飞行的飞机上才会配备救生船。救生船位于应急窗行李架上方，用于水上迫降时撤离乘客使用。断开手柄、人工充气手柄、缠绕好的系留绳位于包装袋上一款颜色鲜明的盖布下。救生包系在展开的船上，由一根绳子连接着漂浮在水中，撤离时必须将其拉入船中。

紧急撤离设备航前检查的内容如下：
（1）检查救生衣是否在位，数量是否正确。
（2）检查手电筒是否在位，玻璃罩是否清洁，光亮是否正常。
（3）检查麦克风是否在位，声音是否正常，固定是否良好。
（4）检查应急发报机是否在位，固定是否良好。
（5）检查救生船是否在位。

六、急救药箱

急救药箱位于头等舱第一个行李架上。

急救药箱航前检查的内容如下：

检查急救药箱是否在位，铅封是否完好无损，是否上锁。

急救药箱外观如图2-11所示。

图2-11　急救药箱外观

急救药箱内的必备品见表2-1。

表2-1　急救药箱内的必备品

物　品	数　量
血压计	1个
听诊器	1只
口咽气道（大、中、小）	各1个
静脉止血带	1根
脐带夹	1个
医用口罩	2个
医用橡胶手套	2副
皮肤消毒剂	适量
消毒棉签（球）	适量
体温计（非水银式）	1支
注射器（2毫升、5毫升）	各2支

(续)

物　品	数　　量
0.9%氯化钠注射液	至少250毫升
盐酸苯海拉明注射液	2支
硝酸甘油片	10片
醋酸基水杨酸（阿司匹林）口服片	30片
应急医疗箱手册（含药品和物品清单）	1本
事件记录本或机上应急事件报告单	1本（若干页）
箱内医疗用品清单和药物使用说明	1份

七、安全设备检查

各号位乘务员检查的安全设备及所在位置见表2-2。

表2-2　安全设备位置

乘务员号位	检查位置	安全设备
1号乘务长　PS1	左侧第一个舱门L1	2个救生衣 DK包（演示包）：救生衣、安全带、氧气面罩、安全须知
	乘务员座椅下	2个手电筒
	头等舱第一个行李架上	1个药箱、1个麦克风
	头等舱乘客座椅下	8个救生衣
2号乘务员　FS2	头等舱后部壁板上	左侧：2个灭火器、2个防烟面罩、1台发报机 右侧：2个氧气瓶
3号乘务员　SS3	经济舱后部右壁板上	2个防烟面罩、2个氧气瓶、2个灭火器
	经济舱后部右侧行李架上	1个药箱
	经济舱右侧乘客座椅下	救生衣
4号区域乘务长 PS4	经济舱后部左侧行李架上	1个药箱、1个麦克风
	经济舱应急窗口	2个救生船
	经济舱左侧乘客座椅下	救生衣
5号乘务员SS5	右侧第二个舱门R2	2个救生衣 DK包（演示包）：救生衣、安全带、氧气面罩、安全须知
	右侧乘务员座椅下	2个手电筒
6号乘务员SS6	左侧第二个舱门L2	2个救生衣 DK包（演示包）：救生衣、安全带、氧气面罩、安全须知
	左侧乘务员座椅下	2个手电筒

任务实施

第一步：乘务长将各乘务员分配号位。

第二步：各号位乘务员自行进行安全设备检查。
第三步：检查完成后向乘务长汇报检查情况。
第四步：乘务长将存在的问题报告给机长。

头等舱应急设备检查

考核评价

任务考核评价表 3 见表 2-3。

表 2-3　任务考核评价表 3

项目	评 分 标 准	小组自评	小组互评	教师评价	实际得分
仪容仪表	1. 穿着统一制服；女乘务员必须用发带盘发，不得有碎发；男乘务员头发前不过眉、侧不过耳、后不过颈；未佩戴饰品（手表、手链、耳环、项链等）；未染指甲，指甲干净（20 分） 2. 穿着统一制服；女乘务员用发带盘发，有碎发；男乘务员头发前不过眉，两侧和后面稍长；未佩戴饰品（手表、手链、耳环、项链等）；未染指甲，指甲干净（15 分） 3. 未穿制服；女乘务员盘发，有碎发；男乘务员头发过长，盖过眉毛、耳朵后和后颈；佩戴饰品；未染指甲，指甲干净（10 分） 4. 未穿制服；女乘务员未盘发；佩戴饰品；指甲不干净（5 分）				
姿态微笑	1. 站姿、走姿、蹲姿规范；微笑自然；服务时的眼神交流亲切（20 分） 2. 站姿、走姿、蹲姿较规范；微笑基本自然；服务时的眼神交流比较亲切（15 分） 3. 站姿、走姿、蹲姿不规范;基本微笑;服务时的眼神交流不到位（10 分） 4. 站姿、走姿、蹲姿不符合岗位标准；无微笑；没有眼神交流（5 分）				
文明用语	1. 能正确应用岗位文明用语，声音柔和、语速适中（20 分） 2. 能较准确地应用岗位文明用语，声音较柔和、语速适中（15 分） 3. 基本能应用岗位文明用语，声音僵硬、语速稍慢或稍快（10 分） 4. 不能应用岗位文明用语，语速太快或太慢、表达时出现错误（5 分）				
服务内容	1. 熟练掌握各号位乘务员负责的区域内的应急设备，并不漏项目、正确地进行应急设备的检查（20 分） 2. 能够较好地掌握各号位乘务员负责的区域内的应急设备，检查方法正确，漏掉 1 个以下应急设备的检查（15 分） 3. 没能很好地掌握各号位乘务员负责的区域内的应急设备，能够正确地进行应急设备的检查，漏掉 1 个以下应急设备（10 分） 4. 没掌握各号位乘务员负责的区域内的应急设备，检查方法不正确，漏掉 2 个或 2 个以上应急设备（5 分）				
小组配合	1. 组员配合好，乘务长组织有序、提醒、指导乘务员到位，号位划分得当（20 分） 2. 组员配合较好，乘务长组织有序，能提醒和指导乘务员，号位划分不及时（15 分） 3. 组员配合一般，乘务长组织有序，能提醒和指导乘务员，号位划分不及时（10 分） 4. 组员配合不好，乘务长组织无序，提醒、指导乘务员不到位，号位划分不得当（5 分）				

注：1. 每小组 6 人，分别扮演乘务长、区域乘务长和 4 名乘务员。各组需合作完成任务导入中的情景展示。
　　2. 实际得分＝教师评价 ×40%＋小组互评 ×30%＋小组自评 ×30%。

练一练

一、填空题

防烟面罩氧气发生器产生的氧气可持续大约 _____ 分钟。

二、选择题

1. 飞行前检查氧气瓶压力指针指向 _____ 区域。
   A. 红色　　　　　B. 绿色　　　　　C. 白色　　　　　D. 黑色
2. 水灭火器的适用范围是 _____ 。
   A. 任何类型的火灾　　　　　　　　B. 电器火灾
   C. 纸、木、布类火灾　　　　　　　D. 油类火灾
3. 机上防烟面罩应在 _____ 戴好。
   A. 有烟区　　　　B. 无烟区　　　　C. 任何环境　　　D. 厨房
4. 海伦灭火器的适用范围是 _____ 。
   A. 一般性质火灾　　　　　　　　　B. 电器类火灾
   C. 油类火灾　　　　　　　　　　　D. 任何类型的火灾
5. 机上发报机在陆地使用时需要 _____ 时间发报。
   A. 5秒钟　　　　B. 5分钟　　　　C. 6分钟　　　　D. 10分钟
6. 当无法判断火灾类型时，应使用 _____ 灭火。
   A. 水灭火器　　　B. 海伦灭火瓶　　C. 茶水或咖啡　　D. 最近的灭火器

三、简答题

1. 请简述海伦灭火器的使用方法。
2. 请简述氧气瓶的使用方法。
3. 请简述防烟面罩的使用方法。

任务二　检查飞机客舱服务设备

/学习目标/

1. 掌握卫生间、厨房、乘务员工作面板、客舱组件设备的使用方法。
2. 能检查卫生间服务设备。
3. 能检查厨房服务设备。

▶ 任务导入

假如你是某航空公司的乘务员，登上飞机后，需按照职责完成整个机舱服务设备的检查。

知识准备

一、卫生间

1. 认识卫生间

（1）飞机卫生间位置。波音 737-800 型飞机上有 4 个卫生间，分别位于头等舱（1 个）和经济舱（3 个）。头等舱卫生间仅供机组人员、头等舱 2 名乘务员和头等舱 8 名乘客使用；经济舱卫生间供经济舱乘务员和经济舱 159 名乘客使用。卫生间位置如图 1-3 所示。

（2）飞机卫生间的设备。飞机卫生间的设备包括折叠式推拉门、手纸架、马桶、香水放置架、冷热水龙头、冲水按钮、洗手池、呼叫按钮、垃圾箱、卫生间门插销、婴儿板、残障人扶手、外衣挂钩、热水器、通风孔、扬声器、供水阀门、烟雾探测器、自动灭火装置等，如图 2-12 所示。

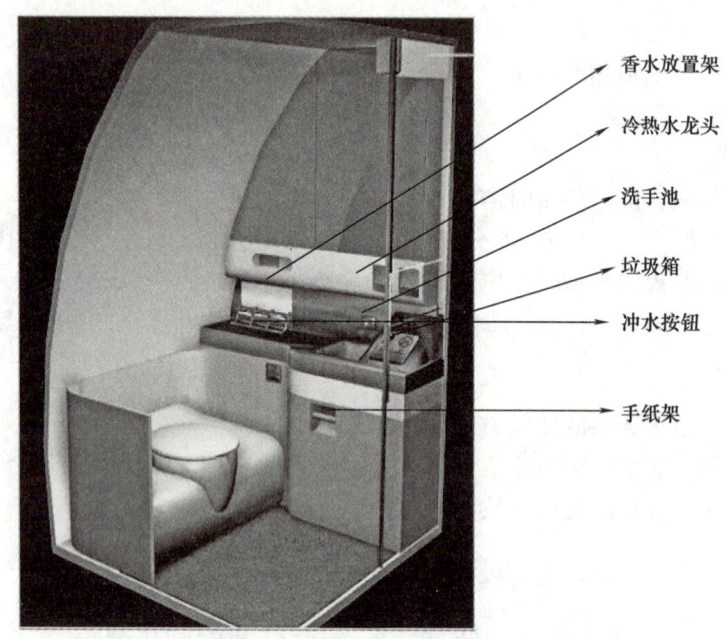

图 2-12　飞机卫生间设备（部分）

（3）飞机卫生间用品。飞机卫生间用品包括洗手液、擦手纸、卫生纸、马桶垫纸及其他卫生用品。

2. 马桶介绍

马桶由桶身、桶盖和马桶垫组成，分为抽水式马桶和循环抽水式马桶两类。卫生间洗手池的废水经过滤、净化后，通过飞机腹部几根可以加热的金属管道排出机外；马桶水中有化粪剂，通常为蓝色且有香味，可以循环使用。排泄物集中收集在机腹的污水箱内，在地面由排污车负责清理。

波音 737-800 配置的马桶为高压抽吸式马桶，按下蓝色 PUSH 键，马桶开始抽吸。当马桶不能抽吸而马桶水仍不停注入时，将马桶的供水手柄向外拉即可停止流水。马桶的关闭水阀位于马桶底部，如图 2-13 所示。

> **注意：**
> 不能将纸巾、毛巾、卫生用品、清洁袋等物品投入马桶内，以免马桶堵塞。

3. 洗手池介绍

洗手池水龙头分两种：第一种是按压出水式龙头，停止按压即停止出水；第二种是感应式水龙头。波音737-800型飞机洗手池的水龙头上有温度选择旋钮或按钮，蓝色对应冷水，红色对应热水，如图2-14所示。

图2-13　波音737-800上的马桶

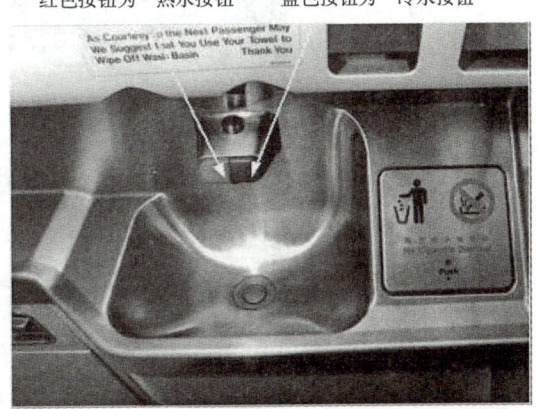

图2-14　波音737-800上的洗手池

4. 卫生间用品及存放

（1）洗手液、香水放置架。洗手液、香水放置架用于放置洗手液、香水及护手霜等。如没有配备放置架，在飞机起飞和下降时，必须将洗手液、香水、护手霜等卫生用品放到抽屉内，如图2-15所示。

（2）小物件放置盒。小物件放置盒用于存放擦手纸、固体芳香剂、手套等。

按压放置盒底部的按钮，放置盒会自动打开；按压放置盒的两端，放置盒也会自动打开。每个卫生间可同时摆放两盒纸巾，如图2-16所示。关闭放置盒时，要确保锁扣复位。

图2-15　配备放置架时卫生用品的摆放

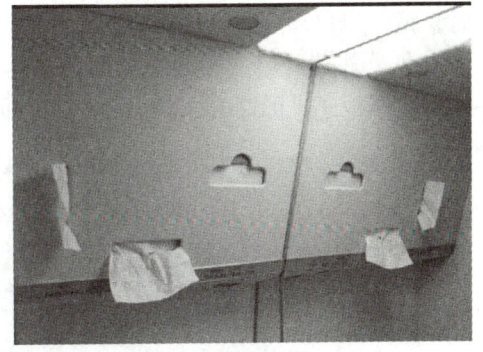

图2-16　卫生间纸巾

（3）卫生用品存放。存放盒里可以放置马桶垫纸、呕吐袋、卫生巾等卫生用品。关闭存放盒时要确保锁扣复位。

5. 呼叫按钮

卫生间呼叫按钮是乘客在卫生间内需要帮助时的呼叫工具。乘客需要呼叫乘务员时，可按下此按钮，卫生间门侧壁的琥珀色灯亮并响起单高音铃声，服务间上方呼叫显示器内的琥珀色灯也会同时亮起。解除卫生间呼叫的方法有两种：一是再次按下卫生间内的呼叫按钮；二是按下卫生间外侧壁的琥珀色灯，如图2-17所示。

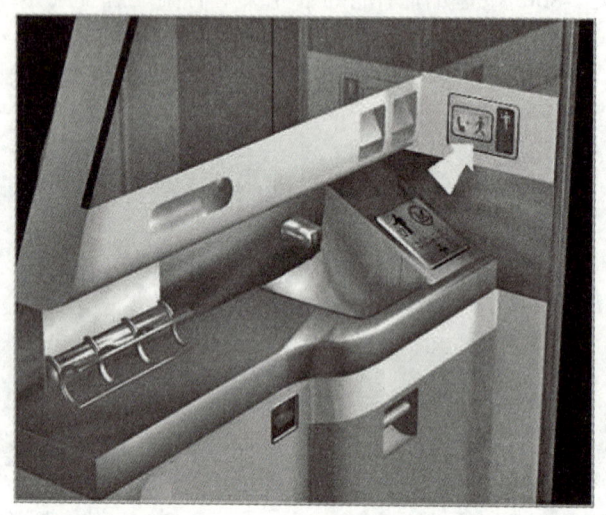

图2-17　卫生间呼叫按钮

6. 垃圾箱

垃圾箱位于洗手池旁边，上面有严禁投入烟头的标志。每个卫生间都配有垃圾箱，使用前需套上垃圾袋，垃圾箱门使用后自动弹回。不得向垃圾箱内丢入烟头及易燃物品。

7. 卫生间门插销

飞机上所有卫生间的门都安装了带有"无人/有人"字样的门锁装置。如门插销显示红色，表示卫生间有人，门已被锁上；如门插销显示绿色，表示卫生间无人，门可以打开。在内侧使用时，拔开插销转动门手柄开门。卫生间内的门插销可以控制镜灯，当插上门插销时，镜灯会自动亮起。

乘务员外部开启或锁闭卫生间的方法：向上扳开门上标有"LAVATORY"（卫生间）字样的金属板（见图2-18），移动其锁扣即可锁闭或开启该门。

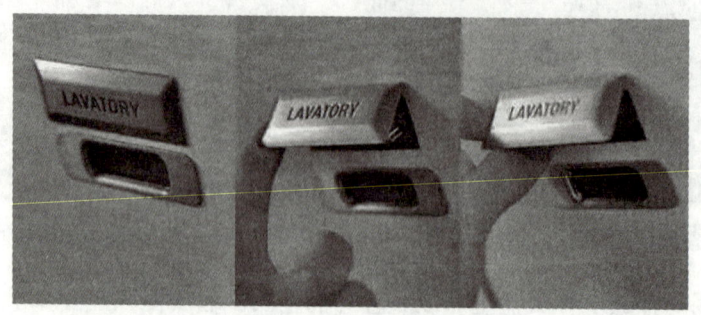

图2-18　卫生间外侧标有"LAVATORY"字样的金属板

8. 婴儿板

飞机客舱后部有一个带婴儿板的卫生间，供乘客为婴儿更换尿布时使用。使用时放下婴儿板，使用完后收回扣好。如图 2-19 所示。

图 2-19　婴儿板

9. 残障人士扶手

飞机卫生间内配有残障人士专用扶手，方便乘客固定自身。

10. 外衣挂钩

飞机卫生间门上的挂钩供乘客挂衣帽等。

11. 热水器

飞机卫生间热水器安装在洗手池下方，将热水器开关扳至 ON 位为开启，OFF 位为关闭。水的温度一般保持在 52～56℃。当热水用完时可在 4 分钟内重新加温，当水温达到 88℃时，热水器自动关闭。也可以人工关闭热水器。

12. 通风孔、扬声器

飞机卫生间的通风孔、扬声器位于卫生间顶部。

13. 供水阀门

飞机上每个卫生间的洗手池下面都装有一个关闭阀，用于控制洗手池内的水。通常阀门处于打开位置。供水选择阀门位于洗手池下方的柜中，有四个位置：

（1）供水/排水——正常工作位。

（2）龙头——阀门在此位置时，仅给洗手池供水。

（3）抽水马桶——阀门在此位置时，仅给马桶供水。

（4）关闭——阀门在此位置时关闭用水。

14. 烟雾探测器

烟雾探测器包括烟雾感应系统和信号显示系统。烟雾感应器安装在飞机卫生间顶部，当卫生间内的烟雾达到一定浓度时，烟雾感应系统和信号系统会有显示。信号显示系统位于烟雾传感器的侧面，当烟雾达到一定浓度时，信号显示系统的红色指示灯闪亮，并发出刺耳的报警声，同时卫生间外部上方的琥珀色灯闪亮。当需要关闭信号显示系统时，按下按钮（位于传感器侧面）即可停止声音、关闭指示灯。

信号显示系统的报警装置结构包括报警喇叭、报警指示灯（红色）、自检开关、中断开关和电源指示灯（绿色）。飞行前须做检查，以确保飞行途中烟雾探测器能够正常工作。烟雾探测器如图2-20所示。

图2-20 烟雾探测器

15. 自动灭火装置

飞机上每个卫生间的洗手池下面都有自动灭火装置，包括一个海伦灭火器和两个指向垃圾箱的喷嘴。

通常情况下，温度显示器为白色，两个喷嘴用密封剂封死。当环境温度达到77～79℃时，温度显示器由白色变成黑色，喷嘴的密封剂自动融化，海伦灭火器向垃圾箱内喷射灭火剂。当灭火剂释放完毕后，喷嘴箭头的颜色为白色。自动灭火装置的喷射时间为3～15秒。

飞行前，乘务员须检查温度显示器是否为白色，如果不是白色，要立即报告机长或地面机务人员。

16. 卫生间卫生要求

（1）离港前，镜面、台面、地面、壁板、马桶内外要干净、光亮、无蚊蝇、无异味、无污渍、无积水，且下水道通畅。

（2）每一航段后，马桶需要疏通，使用循环马桶必须放化粪剂。

（3）卫生间废纸箱清理干净，无杂物，无异味；出港前套好干净的塑料袋；回程航班的塑料袋按规定数量放置于指定位置。

（4）护肤品及卫生用品按规定摆放整齐，放置部位须保持整洁。

（5）应达到"六无"标准：无异味、无堵塞、无积水、无沉积、无锈迹、无杂物。

17. 检查洗手间服务设备的方法

（1）检查卫生间内部无外来的人或物。

（2）确保马桶抽水系统工作正常。

（3）放好垃圾箱盖板、坐便器盖板并确保工作正常。

（4）确保洗手池用水系统正常。

（5）确保台面、镜面、坐便器、地面干净。

（6）卫生用品摆放整齐，卫生用品包括香皂、卫生纸、擦手纸、马桶垫纸、一次性手套、清洁袋、香水等。

二、厨房

(一)认识厨房

波音737-800机型共有两个厨房,分别位于前舱服务间和后舱服务间。厨房内有快速烤箱、煮水器、烧水杯、餐车、杂物储存柜、电源控制板、工作灯、积水槽、保温箱、可拉出的台板、放冰块的抽屉和垃圾箱,各厨房内还有单独的水关闭阀,如图2-21所示。

图2-21 飞机上的厨房

a) 前舱厨房 b) 后舱厨房

(二)操作烤箱

波音737-800型飞机的前舱服务间厨房和后舱服务间厨房都设有烤箱(见图2-22),前舱厨房有三个,后舱厨房有四个,用于快速加热餐食。

1. 烤箱的使用方法(不设定服务时间)

(1)首先按ON/OFF(开/关)键打开电源开关,此时开关及中温指示灯亮,两个显示屏显示"oo"。

(2)旋转温度调节钮调节温度;按TEMP(温度)键选择加热模式,有低温模式、中温模式和高温模式三种,一般情况下选择中温模式(MEDIUM)。

(3)顺时针旋转时间调节钮,至显示屏显示出所需时间。

图2-22 烤箱

(4)按加热时间锁定键,指示灯亮;然后按下服务时间显示屏下面的SET(设置)键,黄色指示灯亮起。

(5)按开始键,指示灯亮,这时烤箱开始工作,加热圈开始加热,风扇开始运转,计时器栏开始进行倒计时。

(6)当时间为零时,烤箱会发出"嘀、嘀"声,所有亮起的指示灯及显示屏闪亮,风扇停止运转,加热圈停止加热。按ON/OFF键关闭电源,烤箱停止工作。

2. 设定烤箱服务时间

（1）顺时针旋转时间调节钮设定加热时间，至服务时间显示屏显示出所需时间（最长加热时间为 60 分钟）。

（2）按服务时间锁定键，指示灯亮。

（3）按开始键，指示灯亮，服务时间开始倒计时。

（4）当加热时间与加热时间一致后，烤箱自动开始正常工作。

如果要检查烤箱内温度，可旋转温度调节钮，两个显示屏共同显示温度，先摄氏度后华氏度。

3. 注意事项

（1）每次加热之前，必须确认烤箱内除餐食外无其他物品。严禁将烤箱当储物柜，将纸、布、塑料制品等放入烤箱（纸、布、塑料制品等易燃，有些塑料制品在高温下还会释放出有毒物质）。

（2）烤箱内无餐食时不可空烤。

（3）烤箱门一定要关好，防止餐食掉出和水汽、热量散失。

（4）通常情况下，将加热温度设定在中温模式。

（5）如餐盒内有干冰，必须将干冰取出后再加热。

（6）当烤箱内放满餐食时，要注意小心开门，以防餐食滑落。

（7）飞机起飞、下降过程中不能启动烤箱。

（8）随时检查烤箱的工作状态，以防电热丝不热或风扇被卡住。

（三）操作煮水器

1. 煮水器的使用方法

在煮水器里加入水，打开热水器电源开关，两个显示灯全亮，等加温灯熄灭后即可使用。此时煮水器内的水温可达到 88℃，如图 2-23 所示。

2. 注意事项

（1）每次打开电源开关前必须先放水，若无水流出需检查水关闭阀。

（2）当 NO WATER（无水）灯亮起后，应立即关闭电源，扳动水龙头直至有水流出，随后再次打开电源开关。

（3）连续用水量不得超过两壶。

（4）如水龙头出现喷气现象，要注意防止烫伤。

（5）起飞、下降过程中必须关闭煮水器电源。

（四）操作烧水杯

1. 烧水杯的使用方法

（1）将烧水杯装水至七八成满，插在插座上，扣好保险扣。

（2）转动烧水杯的计时开关，显示灯亮。

（3）5～10 分钟即可烧开（如果没有烧开，可继续转动计时器）。

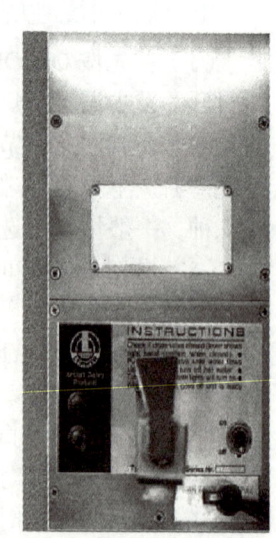

图 2-23 煮水器

（4）水烧开后关闭计时器，拔下烧水杯。

2. 注意事项

（1）禁止空烧。
（2）拔出水杯时，谨防被沸水烫伤。
（3）在飞机落地前应将烧水杯清理干净并固定好。
烧水杯如图 2-24 所示。

a)

b)

图 2-24　烧水杯

a) 烧水杯位置　b) 烧水杯

（五）操作餐车

1. 认识餐车

餐车位分为长车位和对半车位，用于存放餐食、饮料及机供品。餐车由干冰盘、把手、冷风窗、车门锁等组成，底部有绿色解除踏板和红色刹车踏板，如图 2-25 所示。

2. 餐车使用方法

（1）打开餐车的固定锁扣。
（2）踩踏绿色踏板松开刹车，拉出餐车。
（3）使用餐车服务时打开车门锁。

3. 注意事项

随时踩踏红色刹车踏板，以免餐车滑动；餐车使用完毕后必须归位，踩踏红色刹车踏板，扣好锁扣。

4. 检查机供品、餐食的方法

（1）了解餐食种类、数量及其质量。
（2）了解机供品的品种、数量及其质量，并按配备清单检查机供品。

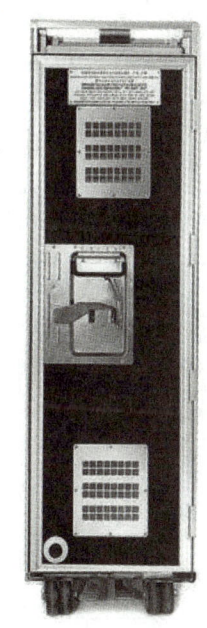

图 2-25　餐车

（3）报告乘务长，做好签收交接工作。

具体检查方法如下：

1）机供品。机上服务中需要的，如图书、报纸杂志、枕头、毛毯、婴儿摇篮等服务用品应清洁完好。图书、报纸杂志按种类、数量摆放整齐。

2）餐饮清点准备工作。如航班配备饮料和餐食，乘务员需按"配餐单""机上用品配备回收清单"（见表2-4和表2-5）检查和核对本次航班所规定携带的服务用品、食品、饮料及餐食数量是否与收据一致，并检查其质量是否符合要求。

表2-4　机上用品配备回收清单（经济舱）

品名	单位	配备数量	乘务回收数量	航食回收数量	品名	单位	配备数量	乘务回收数量	航食回收数量
糖包	包				可口可乐	听			
奶包	包				百事可乐	听			
盐包	包				七喜	听			
胡椒包	包				大可乐	桶			
大防滑纸	张				都乐橙汁	桶			
小防滑纸	张				都乐番茄汁	瓶			
备用刀叉勺	套				小矿泉水	瓶			
纸杯	个				啤酒	箱			
塑料杯	个				毛巾（回程）	盒			
花生米	袋				湿纸巾	包			
车布	包				塑料袋	个			
厨房布	包				小塑料袋	个			

表2-5　机上用品配备回收清单（头等舱）

品名	单位	配备数量	乘务回收数量	航食回收数量	品名	单位	配备数量	乘务回收数量	航食回收数量	品名	单位	配备数量	乘务回收数量	航食回收数量
花茶	包				低糖可乐	听				大七喜	桶			
菊花茶	包				可乐	听				大矿泉水	桶			
立顿红茶	包				大可乐	桶				大矿泉水	箱			
绿茶	包				可乐	箱				小矿泉水	箱			
龙井茶	包				七喜	听				含汽矿泉水	瓶			
乌龙茶	包				七喜	箱				云南果汁	桶			

（续）

品名	单位	配备数量	乘务回收数量	航食回收数量	品名	单位	配备数量	乘务回收数量	航食回收数量	品名	单位	配备数量	乘务回收数量	航食回收数量
椰汁	桶				伏特加	瓶				大塑料袋	个			
苹果汁	箱				金酒	瓶				小塑料袋	个			
都乐菠萝汁	桶				咖啡酒	瓶				拖鞋（国内航班）	双			
都乐橙汁	桶				薄荷酒	瓶				拖鞋（国际航班）	双			
都乐苹果汁	桶				百利甜酒	瓶				头等舱牙具	个			
都乐番茄汁	桶				富雅香槟	瓶				公务舱牙具	个			
汇源橙汁	桶				库克斯汽酒	瓶				普通备用牙具	个			
汇源猕猴桃汁	桶				歌堡汽酒	瓶				备用眼罩	个			
汇源番茄汁	桶				皮尔多干红	瓶				备用牙刷	个			
碧林橙汁	桶				圣乔治干红	瓶				备用餐巾	包			
碧林苹果汁	桶				卡特干白	瓶				备用桌布	包			
橙汁	箱				木桥白酒	瓶				备用拖鞋	双			
番茄汁	箱				圣乔治干白	瓶				备用牙膏	个			
金牌咖啡	袋				赤霞珠（大）	瓶				星星玩具	个			
低因咖啡	袋				赤霞珠（小）	瓶				月亮玩具	个			
雀巢咖啡（去/回程）	袋				龙眼干白（大）	瓶				太阳玩具	个			
糖包	包				龙眼干白（小）	瓶				大托盘	个			
奶包	包				长城干红	瓶				对半盘	个			
盐包	包				长城干白	瓶				面包夹				
胡椒包	包				燕京啤酒	听				毛巾夹				
15年威士忌	瓶				青岛啤酒	听				热食夹	个			
12年威士忌	瓶				兑酒饮料	听				分餐勺	个			
白兰地	瓶				啤酒	箱				分餐夹	个			

（续）

品名	单位	配备数量	乘务回收数量	航食回收数量	品名	单位	配备数量	乘务回收数量	航食回收数量	品名	单位	配备数量	乘务回收数量	航食回收数量
钢刀叉勺	套				餐巾（去程）	条				报纸	张			
钢冰勺	个				餐巾（回程）	条				杂志	本			
塑料盒	个				桌布（去程）	条				筷子	双			
毛巾篮	个				桌布（回程）	条				搅拌棒	包			
花生米篮	个				车布	包				调酒棍	包			
塑料冰筒	个				厨房布	包				信封、信纸	套			
塑料冰铲	个				机组毛巾	包				圆珠笔	支			
塑料盆	个				毛巾（去程）	盒				牙签	包			
面包篮	个				毛巾（回程）	盒				扑克	副			
咖啡壶	个				湿纸巾	包				备用刀叉勺	套			
汤壶	个				餐巾纸	包				纸杯	个			
不锈钢水壶	个				机组餐巾	条				塑料杯	个			
烧水杯	个				大防滑纸	张				果仁	袋			
旧毛巾	捆				小防滑纸	张				花生米	袋			
糖夹	个				铝箔纸	张								

（六）厨房卫生要求

（1）厨房内的壁板、服务台、地面、大小储物柜内外干净，无积尘、无污迹、无油渍。

（2）水池内无污物、无堵塞物，下水道畅通、完好。

（3）烤箱内外干净，无油渍、无污迹和异味。

（4）冰箱、冰抽屉内外干净，无杂物、无积水和异味。

（5）垃圾箱（车）清洁干净，无异味；清除垃圾时不得在客舱内拖行垃圾袋，以防渗漏污染地毯；出港前套好垃圾袋，根据航线配齐备份垃圾袋和压缩袋；配备垃圾车专用纸盒，并放置于指定位置，上客前将废弃的纸盒撤下飞机。

（七）厨房服务设备检查方法

（1）检查厨房电器设备。配电板干净且运行正常，烤箱干净且运行正常，煮水器干净且能够煮水，烧水杯干净且能够烧水。

（2）检查厨房服务设备。餐车干净且运行正常，备份箱干净且运行正常，垃圾桶干净、无异味、能正常打开，水池下水通畅、无堵塞、无异味。

（3）检查水供应情况。清水表满，污水表空。

三、乘务员工作面板

（一）前舱乘务员控制面板操作（灯光系统）

波音 737-800 型飞机前乘务员控制面板上有自备梯升降设备开关、娱乐系统总开关、客舱灯光控制开关以及地面服务入口开关等，如图 2-26 所示。

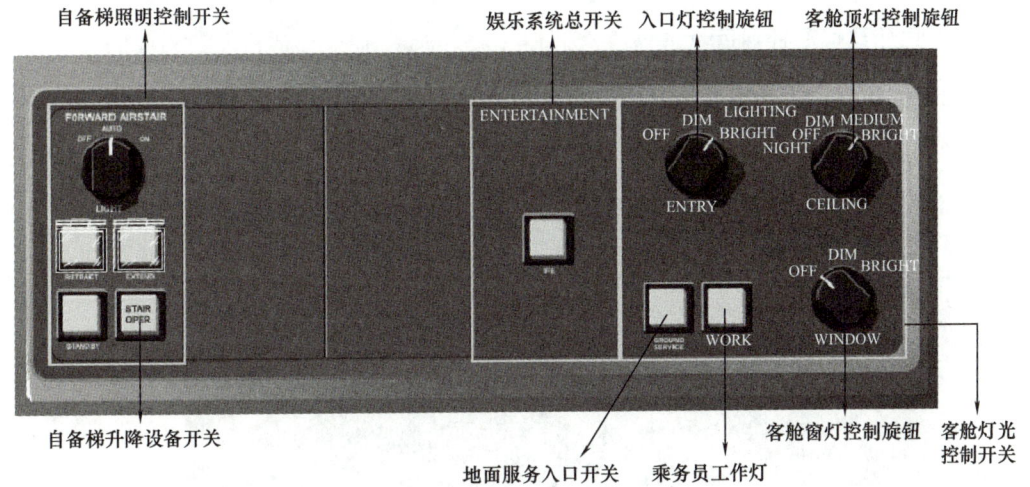

图 2-26 前舱乘务员控制面板

前舱乘务员控制面板上的灯光系统如下：

（1）顶灯（CEILING LIGHT）分为 BRIGHT(亮)、MEDIUM(中)、DIM(暗)、OFF(关)、NIGHT（夜）五挡，由客舱顶灯控制旋钮控制。

BRIGHT——最高挡，100%亮。

MEDIUM——中挡，50%亮。

DIM——最低挡，10%亮。

OFF——天花板灯光关闭。

NIGHT——位于行李架顶部的白炽灯亮，这是灯光亮度的最低挡。

（2）窗灯（WINDOW LIGHT）分为 BRIGHT（亮）、DIM（暗）、关（OFF）三挡，由客舱窗灯控制旋钮控制。

BRIGHT——最高挡，100%亮。

DIM——最低挡，10%亮。

OFF——关闭所有窗口灯。

（3）入口灯（ENTRY LIGHT）开关分为 BRIGHT（亮）、DIM（暗）、关（OFF）三挡，由旋转调节开关控制。

BRIGHT——亮度100%，同时打开门槛灯。

DIM——亮度10%。

OFF——除非提供外部电力，否则所有入口灯关闭；使用外部电力时，灯光很暗。

（4）乘务员工作灯（WORK LIGHT）位于乘务员工作区域的控制面板上，每个乘务员工作区域都有工作灯。按压调节开关即可使用。

（5）地面服务入口开关由地面机务人员使用，乘务员需确认其在"OFF"位。

此外，前舱卫生间壁板上方装有一个门槛灯。当飞机在地面停留时，机上所有供电系统由地面电源车提供电力。此时，卫生间的灯光照明位于亮挡。在空中飞行期间，卫生间门打开时，灯光照明位于暗挡，当乘客进入卫生间插好插销时，灯光换到亮挡。

前舱厨房灯光有高和低两种设定，由前舱厨房控制面板的开关控制。后舱厨房灯光开关在后舱乘务员控制面板上。

（二）后舱乘务员控制面板操作

后舱乘务员控制面板有灯光控制系统、饮用水系统和污水系统，如图2-27所示。

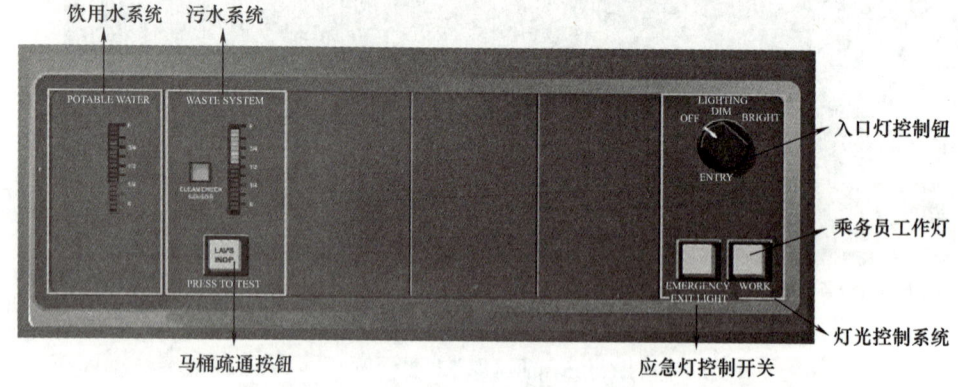

图 2-27　后舱乘务员控制面板

1. 灯光控制系统

（1）后舱乘务员控制面板上有入口灯（ENTRY LIGHT）控制钮和乘务员工作灯（WORK LIGHT）开关。

（2）入口灯控制钮分别有亮（BRIGHT）、暗（DIM）、关（OFF）三挡。

（3）应急灯（EMERGENCY LIGHT）控制开关（仅限应急情况下使用）。应急灯位于出口位置，在紧急情况下用于飞机内部、外部出口指示照明。正常情况下，由驾驶舱控制应急灯开关。此开关在飞前处"预位"（ARMED）状态（在"预位"状态时，如果电源中断，所有内部、外部应急灯自动打开照明。无论驾驶舱的应急灯开关在何位置上，乘务员均可操作位于乘务员控制面板上的开关打开应急灯）。

2. 饮用水系统

水箱位于飞机后货仓一侧，容积为 30 加仑（1 加仑 =4.546 09 升）。机上使用水经过过滤后，由压力泵压到厨房和洗手间（洗手盆）使用。

波音 737-800 型飞机的水表位于后舱乘务员控制面板上。灯亮的位置显示水量，E 为空，F 为满，五个灯全亮说明水满（五个灯包括二分之一水量、四分之一水量和四分之三水量显示）。

3. 污水系统

污水表位于后舱乘务员控制面板上。按下"CLEAN CHECK"（清洁检查）键，检查污水量（最低两格为正常）。如果马桶堵塞，可按"PRESS TO TEST"（按此检测）按钮，并同时按下马桶冲水按钮即可疏通。

污水控制板上的信息显示在绿色区域表示正常，在黄色区域表示警告，在红色区域表示污水已满，若同时黄色灯亮，则表示卫生间不能使用。

4. 内话机／广播器的使用

客舱内共有两部二合一多用话机，分别位于前、后舱乘务员座席处，具有乘务员之间通话、对客舱广播等多项功能。各功能之间通过话机面板上的数字按键转换，如图 2-28 所示。

（1）呼叫驾驶舱按数字 2 键。

（2）呼叫前、后舱乘务员按数字键 5。

（3）紧急呼叫驾驶舱按数字键 222 报警。

（4）对客舱广播先按数字键 8，持续按住 PUSH TO TALK（一键通）键开始对客舱广播，使用完毕按下 RESET（重启）键复位。

（三）检查乘务员工作面板的方法

（1）乘务长开启娱乐系统总电源开关。

（2）乘务长将客舱顶灯开关、侧灯开关、呼唤铃开关、阅读灯总开关打开。

（3）区域乘务长检查清水表、污水表。

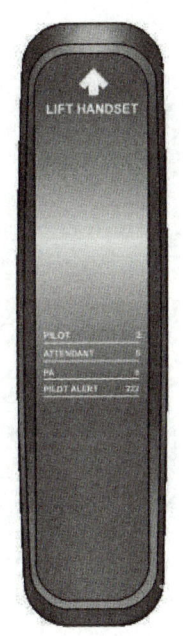

图 2-28　内话机

四、客舱组件设备

（一）认识波音 737–800 型飞机的客舱布局及设备

如图 2-29 所示，波音 737-800 型飞机的客舱包括头等舱、经济舱、前后两个厨房、4 个卫生间、行李架、衣帽间、客舱座椅等。

（二）行李架操作

波音 737-800 型飞机的行李架位于客舱两侧乘客座椅上方，可放置行李物品及部分紧急设备。行李架中部及盖板中部有一组锁扣，盖板锁扣外连接一个开启手柄。向外扳动手柄可以打开行李架；在关闭行李架时，要确认锁扣扣紧锁好。部分飞机行李架的下部边缘处有凹槽，在飞机颠簸时作为扶手来使用（有些波音 737-800 型飞机在行李架内两侧壁板处各有一面镜子，该装置是为了使乘客和乘务员能更方便地观察行李架内的情况，以及在乘务员清舱时能更好地检查行李架内是否有乘客遗留的物品）。行李架如图 2-30 所示。

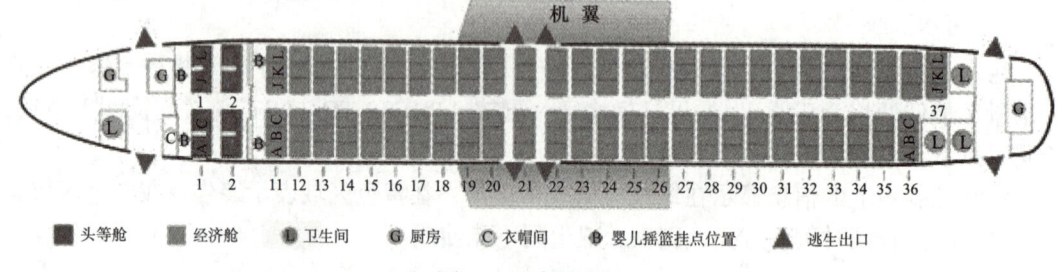

图 2-29 客舱布局

图 2-30 行李架

行李架两侧有乘客座位标志，图文并茂，方便乘客对号入座。

> **小提示**
>
> 注意事项：行李架上不能放置过大、过重的物品（每个行李箱均有最大重量限制）；不可放置尖锐的物品；不可放置可泄漏物品；行李架仅在乘客登机和下机时打开，其余时间必须关紧扣好；行李架关好后不得有物体外露（如包带、绳子等）。

（三）乘客服务组件操作

乘客服务组件（PSU）包括通风口、阅读灯、阅读灯按钮、呼唤铃灯、呼唤铃按钮、"请勿吸烟"信号显示灯、"系好安全带"信号显示灯、扬声器、氧气面罩贮藏箱。乘客可以自主控制通风口、阅读灯按钮、呼唤铃按钮，左右旋转通风口可调节风向风速；按下阅读灯按钮可开启或关闭阅读灯；按下呼唤铃按钮可开启或关闭呼唤铃，如图 2-31 所示。

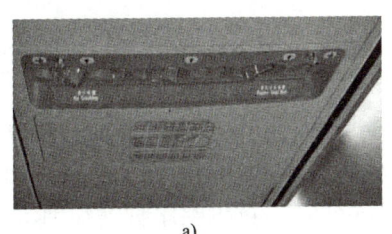 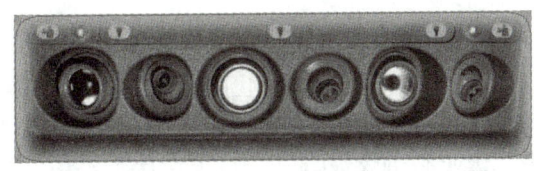

a) b)

图 2-31 乘客服务组件

a) 乘客服务组件侧面照 b) 乘客服务组件正面照

客舱音响的音量可由乘务员在前舱音频控制面板上用调节按钮进行调整。

呼唤铃分为分体式和一体式两种。分体式呼唤铃的按钮与呼唤铃灯在乘客服务组件的两端各有一套，任意一边按下呼唤铃按钮后，该组件的两个呼唤铃灯会同时亮起。一体式呼唤铃的按钮中内置灯泡，按下呼唤铃的同时，内置灯泡即被点亮。该装置位于乘客服务组件的中部，一套组件只有一个呼唤铃。

（四）乘客及乘务员座位上的设备使用

1. 经济舱乘客座椅

（1）安全带，由两根可以对扣的带子组成，两根带子的底部都与座椅相连。

（2）座椅靠背调节按钮，在座椅的扶手上有座椅靠背调节按钮，按下按钮的同时身体向后靠，可以使座椅靠背向后倾斜15°；再次按下调节按键，座椅靠背可复位；起飞、下降时必须将座椅靠背调直。紧急出口处的座椅靠背不能调节，如图 2-32 所示。

（3）救生衣和行李挡杆，每一个座椅下面的口袋里装有救生衣，供乘客在水上迫降时使用；行李挡杆位于每排座椅的下面。

（4）小桌板，一般位于前排座椅背部，供乘客就餐时使用。头等舱、经济舱的第一排和紧急出口处乘客座椅的小桌板位于座椅扶手内。起飞、下降时小桌板必须收回并扣好，如图 2-33 所示。

图 2-32 经济舱座椅　　　　　　　　　图 2-33 小桌板

（5）座椅口袋、扶手、坐垫，座椅背部的口袋供放置清洁袋、安全须知卡和杂志。座椅扶手可以抬起，使三个座椅可以并排，供担架乘客或生病的乘客使用。水上撤离时，座椅坐垫可作为漂浮物使用。

2. 头等舱乘客座椅

（1）脚踏板（可分为人工脚踏板和自动脚踏板两种），按下脚踏板按钮，脚踏板会自动弹起（部分头等舱的座椅扶手上还设有调节脚踏板长度的伸缩按钮，供调节脚踏板的长度。需收起脚踏板时，一只手按住脚踏板的调节按钮，一只脚踩压脚踏板即可），如图2-34所示。

（2）杯托，头等舱座椅扶手处设有杯托，需要时拉出杯托即可使用。起飞、下降阶段必须将杯托收回、复位。

（3）视频显示器，座椅上方的视频显示器由乘务员控制。起飞、下降阶段必须将视频显示器关闭、复位，如图2-35所示。

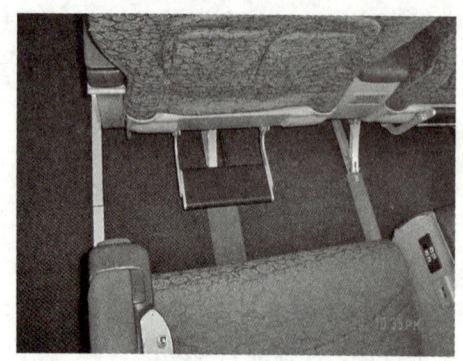
图2-34 脚踏板

图2-35 视频显示器

3. 乘务员座椅

乘务员座椅有6个，分别位于L1门、L2门和R2门。乘务员座椅由弹跳式坐垫、束紧式安全带、头枕等组成，如图2-36所示。

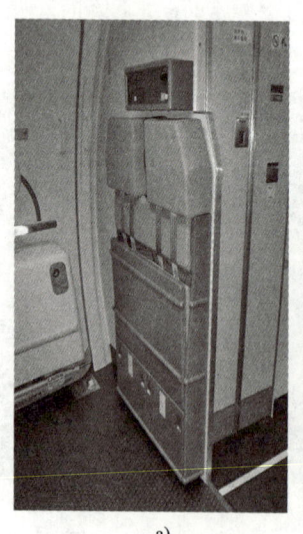
a)

b)

图2-36 前、后舱乘务员座椅

a)后舱乘务员座椅 b)前舱乘务员座椅

（五）衣帽间的使用

衣帽间位于前客舱与前登机门之间，用于放置头等舱乘客的衣物、婴儿摇篮以及其他物品。放置物品后应保证衣帽间门关闭并锁闭，如图 2-37 所示。

图 2-37　衣帽间

（六）窗口及遮光板的使用

每个窗口都设有遮光板，紧急出口的遮光板向下打开，其余窗口的遮光板均向上打开。飞机起飞、降落阶段，要打开遮光板。

（七）婴儿摇篮的使用

婴儿摇篮（见图 2-38）可固定在客舱（头等舱、经济舱）第一排的壁板上。婴儿摇篮由框架、盖布、插销、释放按钮、支架等组成。使用方法如下：

（1）拿住框架有插销的一端。
（2）将框架上的插销分别插入插销孔内。
（3）支开摇篮，使底部支架支撑在隔板上。
（4）铺上婴儿被或毛毯。

图 2-38　婴儿摇篮

> 💡 **小提示**
>
> 注意：在插入或拔出插销时，都要按住顶部释放按钮；放好摇篮后必须确认是否牢固；只能在起飞后使用，下降时必须收回；必须将盖布扣好；收回时必须认真检查有无乘客遗落的物品，如奶瓶、奶嘴等。

（八）客舱卫生检查项目

（1）客舱壁板、观景窗、遮光板、行李架内外要光亮、整洁、无灰尘，行李架门和遮光板全部打开。

（2）书报架、储物柜、衣帽间内外整洁，无杂物、无积尘、无污渍，衣架挂放整齐。

（3）婴儿摇篮整洁，按规定数量放置在指定位置，定期消毒。

（4）头等舱/商务舱座椅扶手处的小储物箱内干净，无废弃物。

（5）座椅背部的口袋无杂物，袋内物品（如安全须知、清洁袋等）齐全、整洁、完好并按次序正面朝外横向摆放整齐。配备耳机的航班，耳机要放在座椅背部的口袋内或放置于规定位置。

（6）座椅各部分整洁、无粘贴物，椅套平整、清洁、无污渍、无破损，座椅靠背收直，脚踏板、隔板收起。

（7）头片干净、熨烫平整并粘贴得牢固、整齐，头片按规定更换；远程航线回程的头片按规定数量放置于指定位置。

（8）小桌板干净、无污迹，桌板支架清洁、无灰尘，待晒干后收起扣好或放入扶手内，扣好扶手板。

（9）烟灰缸倒净并入位。

（10）安全带整洁，并交叉摆放（搭扣在上，插扣在下）。

（11）毛毯、枕头和座椅靠垫干净、无异味，毛毯烘干、熨平、加封后可重新配上飞机，按规定数量放置于指定位置。

（12）毛毯整洁、平整、无污迹、无破损。

（13）配齐杀虫剂，按使用规定在客舱内喷洒杀虫剂。

（九）检查乘客服务组件设备的方法

（1）检查乘客座椅下的救生衣是否就位。

（2）检查乘客座椅的情况，包括座椅套的洁净程度、座椅是否损坏、安全带是否完好。

（3）检查乘客服务组件的各个设备，包括多媒体系统、阅读灯、呼唤铃、通风设备等。

（十）检查飞机通信娱乐设备的方法

（1）检查头等舱的耳机数量。

（2）检查录像机、电视设备是否正常。

五、实施步骤

乘务员在机舱里进行的所有检查都是按照各自的号位进行分工的，具体职责和实施步骤见表 2-6。

表 2-6　波音 737-800 型飞机乘务员职责表

乘务员号位	负责内容的位置
1号乘务长　PS1	1. 组织航前准备会 2. 全程监控管理客舱安全和服务 3. 根据乘客人数调整乘务员位置及职责 4. 特殊、紧急情况的组织与指挥 5. 与机组沟通 6. 签收各种文件，与相关单位进行业务联系 7. 免税品核销（签字确认） 8. 填写表格或报告，对航班情况进行记录和总结 9. 如录像设备在前舱，负责录像设备检查及操作 10. 与要客、两舱乘客进行简短交谈 11. L1 门处应急设备检查 12. L1 门控制板操作，在 L1 门迎送乘客 13. 负责头等舱设备检查、客舱服务和安全管理 14. L1 门卫生间检查、卫生用品摆放及清理 15. 操作门分离器并与相对门进行互检 16. 组织落实航前和航后清舱工作 17. 负责组织航后讲评
2号乘务员　FS2	1. R1 门应急设备检查 2. 前舱厨房设备、控制面板检查及操作 3. 前舱厨房餐食、酒类、供应品检查、回收及各项准备 4. 与 PS1 配合负责经济舱服务和安全管理 5. 负责机组服务 6. R1 门分离器操作并与相对门进行互检 7. 根据工作区域落实航前和航后清舱工作
3号乘务员　SS3	1. R2 门处应急设备检查 2. 翼上应急出口检查及应急出口座位的确认 3. 头等舱及经济舱乘客阅读刊物的接收和摆放 4. L2 门两个卫生间检查、卫生用品摆放及清理 5. 与 PS4 配合，负责经济舱前部设备检查、客舱服务和安全管理 6. 与 PS4 配合，负责免税品清点、销售及结算工作 7. 经济舱机组预留座位的解释工作 8. 根据工作区域落实航前和航后清舱工作
4号区域乘务长　PS4	1. 经济舱服务工作的协调与管理 2. 卫生用品接收、清点及交接 3. L2 门控制面板客舱灯光操作 4. 如录像设备在经济舱，负责录像设备检查及操作 5. L2 门处应急设备检查 6. 与 SS3 配合，负责经济舱前部设备检查、客舱服务和安全管理 7. 免税品管理，与 SS3 配合清点、销售及结算 8. L2 门分离器操作并与相对门进行互检 9. 负责监控落实经济舱航前和航后清舱情况

（续）

乘务员号位	负责内容的位置
5号乘务员　SS5	1. R2门处应急设备检查 2. 检查水表，经济舱供应品检查、回收及各项准备 3. R2门卫生间卫生用品摆放、检查及清理 4. 负责经济舱后部设备检查，与SS6配合完成客舱服务和安全管理 5. R2门分离器操作并与相对门进行互检 6. 根据工作区域落实航前和航后清舱工作
6号乘务员　SS6	1. L2门处应急设备检查 2. 后舱厨房设备、控制面板检查和操作 3. 后舱厨房餐食检查及各项准备工作 4. 与SS5配合，完成经济舱后部客舱服务和安全管理 5. 根据工作区域落实航前和航后清舱工作

▶ 考核评价

任务考核评价表4见表2-7。

表2-7　任务考核评价表4

项目	评分标准	小组自评	小组互评	教师评价	实际得分
仪容仪表	1. 穿着统一制服；女乘务员必须用发带盘发，不得有碎发；男乘务员头发前不过眉、侧不过耳、后不过颈；未佩戴饰品（手表、手链、耳环、项链等）；未染指甲，指甲干净（20分） 2. 穿着统一制服，女乘务员用发带盘发，有碎发；男乘务员头发前不过眉，两侧和后面稍长；未佩戴饰品（手表、手链、耳环、项链等）；未染指甲，指甲干净（15分） 3. 未穿制服；女乘务员盘发，有碎发；男乘务员头发过长，盖过眉毛、耳朵和后颈；佩戴饰品；未染指甲，指甲干净（10分） 4. 未穿制服；女乘务员未盘发；佩戴饰品；指甲不干净（5分）				
姿态微笑	1. 站姿、走姿、蹲姿规范；微笑自然；服务时的眼神交流亲切（20分） 2. 站姿、走姿、蹲姿较规范；微笑基本自然；服务时的眼神交流比较亲切（15分） 3. 站姿、走姿、蹲姿不规范；基本微笑；服务时的眼神交流不到位（10分） 4. 站姿、走姿、蹲姿不能符合岗位标准；无微笑；没有眼神交流（5分）				
文明用语	1. 能正确应用岗位文明用语，声音柔和、语速适中（20分） 2. 能较准确地应用岗位文明用语，声音较柔和、语速适中（15分） 3. 基本能应用岗位文明用语，声音僵硬、语速稍慢或稍快（10分） 4. 不能应用岗位文明用语，语速太快或太慢，表达时出现错误（5分）				

（续）

项目	评分标准	小组自评	小组互评	教师评价	实际得分
服务内容	1. 熟练掌握并能够流利介绍波音737-800型飞机的主要设备及其操作方法，包括乘客座位及周围的设备、设施，乘务员控制面板，客舱灯光照明的组成，厨房设备，洗手间设备（20分） 2. 较好地掌握并能够介绍波音737-800型飞机的主要设备及其操作方法，包括乘客座位及周围的设备、设施，乘务员控制面板，客舱灯光照明的组成，厨房设备，洗手间设备（15分） 3. 基本掌握波音737-800型飞机的主要设备及其操作方法，包括乘客座位及周围的设备、设施，乘务员控制面板，客舱灯光照明的组成，厨房设备，洗手间设备；但操作不熟练，需要提醒（10分） 4. 未完全掌握波音737-800型飞机的主要设备及其操作方法，包括乘客座位及周围的设备、设施，乘务员控制面板，客舱灯光照明的组成，厨房设备，洗手间设备等。操作不完全正确（5分）				
小组配合	1. 组员配合好，乘务长组织有序，提醒和指导乘务员到位，号位划分得当（20分） 2. 组员配合较好，乘务长组织有序，能提醒和指导乘务员，号位划分不及时（15分） 3. 组员配合一般，乘务长组织有序，能提醒和指导乘务员，号位划分不及时（10分） 4. 组员配合不好，乘务长组织无序，提醒、指导乘务员不到位，号位划分不得当（5分）				

注：1. 每小组6人，分别扮演乘务长、区域乘务长和4名乘务员。各组需合作完成任务导入中的情景展示。
　　2. 实际得分 = 教师评价 × 40% + 小组互评 × 30% + 小组自评 × 30%。

练一练

一、填空题

客舱设施和卫生检查完毕之后，乘务员将客舱行李架 _____，遮光板 _____，然后进行清舱检查。

二、简答题

1. 简述烤箱的使用及注意事项。
2. 简述烧水杯的使用及注意事项。
3. 头等舱和经济舱乘客座椅的区别在哪里？
4. 使用行李架时应注意什么？
5. 乘客座椅上方有哪些服务设施？
6. 婴儿摇篮何时使用？
7. 波音737-800型飞机水表的位置在哪里？
8. 前、后舱乘务员控制面板都有哪些开关？

项目三　飞行空中实施

任务一　起飞前工作

/学习目标/

1. 掌握飞机在起飞前的服务流程。
2. 掌握迎客时乘务员的站位及迎客时的站姿、行礼、问候语。
3. 掌握舱门构造并能操作舱门。
4. 能够进行安全演示的示范。
5. 能够对客舱及厨房进行安全检查。

▶ 任务导入

今天你要执行波音737-800的飞行任务,此时舱门已关闭,滑梯已预位。乘务组正在安全检查时,一名乘客要求下飞机,去寻找落在候机楼里的重要文件。假如你是本次航班的乘务长,你应该如何处理此事件?

▶ 知识准备

在乘务员检查完客舱的设备后,马上就进入起飞前的准备工作,服务流程为:清舱——迎客、数客——引导乘客入座——为乘客保管物品——应急出口座位确认——关闭舱门——播放安全演示录像——安全检查——起飞前广播。

一、清舱

客舱设施和卫生检查完毕之后,乘务员对客舱、厨房、卫生间进行检查。打开行李架,打开遮光板,查看座椅下方,查看乘客座椅后的网兜,打开厨房、卫生间所有的柜子进行清舱检查。清舱检查主要是检查客舱内是否有可疑物品或人员。一旦发现任何可疑物品,不要随意触动,应由安全员进行必要的预先处理,必要时报告机长,由机长报告有关安全部门进行处理,如图3-1所示。

清舱检查完成后,各区域客舱乘务员通过客舱广播系统向乘务长汇报各项工作的检查情况。乘务员将灯光调至高亮度,并在此时整理好个人仪表,就位迎客。

项目三 飞行空中实施

a) b)

图 3-1 乘务员清舱

a) 检查行李架　b) 检查座椅后网兜

二、迎客、数客

乘务员在乘客登机时的主要工作包括以下两项：

1. 问候乘客

乘务长及 2 号乘务员站在舱门口，4 号乘务员站在头等舱排座椅前、3 号乘务员站在客舱中部应急窗位置的座椅前，5 号乘务员站在经济舱中后部座椅前，6 号乘务员站在最后的座椅前，主动迎接问候乘客。此时，乘务长在乘客登机前播放登机音乐，打开客舱灯光并调至高亮度，站在舱门口迎接并负责保持与地面工作人员的交接和联系。

无论是乘务长还是其他客舱乘务员，都应该着装整齐、站姿端正、热情礼貌地迎接并问候乘客。此时的行礼角度大约为 15°～30°，问候语可以是"早上（中午、下午、晚上）好""您好，欢迎登机""您好，请往里走"等。重要乘客及其行李由指定客舱乘务员负责安排，并根据地面人员提供的重要乘客（VIP）名单，使用尊称或姓氏问好，如图 3-2 和图 3-3 所示。

图 3-2 登机口迎客

45

图 3-3　两舱迎客

2. 数客

迎客的同时应有一名安全员按规定站在舱门外清点乘客人数，清点完毕后，与地面工作人员、机组以及乘客舱单进行核对。此项工作由安全员或乘务长负责。

三、引导乘客入座

乘务员在问候乘客的同时，应根据乘客登机牌上的座位号为乘客指引座位号码，及时安排乘客入座，协助乘客摆放行李、衣物。如果遇到有乘客座位不方便的情况，在起飞后，可与相邻乘客商量，做适当安排。为了保证乘客快速、安全地登机，乘务员在协助乘客摆放行李的同时，应尽量疏通过道，提醒乘客尽快就座，不要堵塞过道，影响其他乘客登机。对于五种特殊乘客，乘务员应将其引导至其座位处：重要乘客（VIP）、无人陪伴的儿童、病残孕乘客、怀抱婴儿的妇女、行动不便的老人。

在乘客登机和摆放行李时，难免会出现乘客争抢行李架、因行李过大无法放入行李架，或该乘客座位附近的行李架已满等情况，乘务员都应该及时进行适当处理，如图 3-4 所示。

a)

图 3-4　引导乘客入座

a) 引导乘客

图 3-4 引导乘客入座（续）

b) 引导特殊乘客入座　c) 帮助乘客摆放行李

四、为乘客保管物品

乘务员应当妥善存放乘客要求托管的物品。为乘客保管衣物时，应确认其口袋内无贵重物品（如钱包、首饰、护照等），并在便利贴上写好乘客座位号，将便利贴放进乘客衣服兜里，飞机下降前归还乘客。原则上，乘务员不应该为乘客保管药品、贵重或易碎物品。如不能推辞，应向乘客说明后果，得到乘客同意后，方可接受。对乘客托管的物品要做到全程负责，如果中途站不换乘务组，该乘务组要负责保管好，避免地面人员误拿。如果中途换组，须将物品归还乘客，并建议乘客交给下组乘务员保管，以免丢失，如图3-5所示。

图 3-5 为乘客保管物品

五、应急出口座位确认

乘务员在机门关闭之前，必须对坐在应急出口座位的乘客所承担的协助者义务进行确认；飞机移动前乘务员对坐在出口座位上不愿承担协助者义务的乘客，向带班乘务长报告并做相应座位的调整。

1. 安全出口座位乘客具备的能力

（1）能够确定应急出口的位置。
（2）能够认出应急出口开启机构。
（3）能够理解操作应急出口的指示。
（4）能够操作应急出口。
（5）可评估打开应急出口是否会增加由于暴露乘客带来的伤害。
（6）能够遵循机组成员给予的口头或手势指示。
（7）能够在应急情况下妥善放置或固定应急出口门，以便不妨碍使用该出口。
（8）能够评估、选择和沿着安全路线从应急出口离开并到达安全区域。

2. 不能安排在出口座位的乘客

（1）缺乏阅读和理解印刷图片形式能力的乘客。
（2）该乘客缺乏足够的能力将信息口头传达给其他乘客。
（3）不能握住并推、拉、转动或不能操作应急出口操纵机构。
（4）视觉不佳者。
（5）缺乏听觉能力者。
（6）该乘客未满15周岁。
（7）该乘客不具备良好的普通话理解能力和表达能力（如外国人）。
（8）该乘客需照料小孩。
（9）遣返乘客、在押犯人及其押解的人员。
（10）过度肥胖的乘客。
（11）男乘客超过60岁，女乘客超过55岁。
（12）不愿意或不能够遵守出口座位规定的乘客。

安全出口座位确认

六、关闭舱门

波音737-800型飞机上有4个操作方式相同的机舱门，供人员上下飞机使用，也可作为紧急情况下的出口。左侧为登机门，供乘客使用；右侧为勤务门，供装卸食品和日常勤务使用，如图3-6所示。

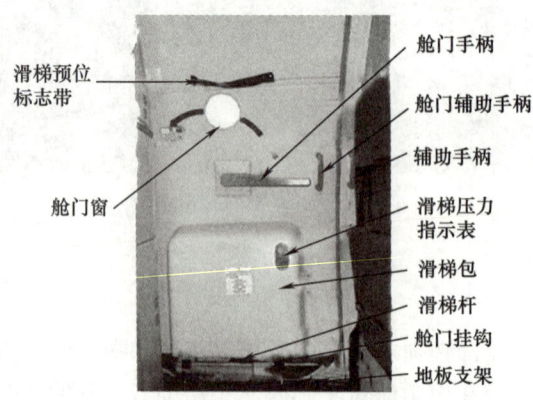

图3-6　波音B737-800型飞机的舱门

波音737-800型飞机的舱门滑梯预位由红色警示带（滑梯预位标志带）、观察窗（舱门窗）、舱门手柄、滑梯包、阻拦绳等部分构成。图3-7为阵风锁。

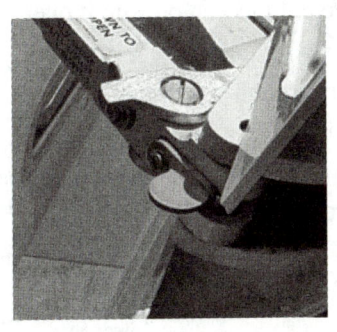

关闭舱门

操作滑梯预位

图3-7　阵风锁

红色警示带（滑梯预位标志带）用于提示滑梯杆和地板支架是否连接，滑梯杆和地板支架相连时红色警示带斜挂于舱门；观察窗（舱门窗）用于观察飞机的外部情况，从而确定是否可以打开舱门；舱门手柄是舱门的开关手柄；滑梯包是应急滑梯的存放处，在正常情况下滑梯压力指示表的指针应指向绿色区域；阻拦绳位于每个舱门右侧门框的内侧，主要起安全警示作用。

当乘务长得到机长允许后，方可通知乘务员关闭舱门，关闭舱门后乘务长用内部广播通知乘务员操作滑梯预位。

七、播放安全演示录像

一般说来，关闭舱门后，乘务长播放安全演示录像。播放安全演示录像的同时乘务员站在客舱过道位置，只为乘客演示应急出口位置及应急撤离指示灯。但如果该机型不具备放映设备或该飞机播放设备已损坏，那么乘务员应进行完整的安全演示示范。

1. 安全设备示范的目的

通过乘务员的示范，使乘客能了解氧气面罩、救生衣、安全带的使用方法以及紧急出口的位置，以便在紧急情况发生时，乘客能正确使用这些设备，把伤害减小到最低程度。

2. 安全设备示范的实施

一般在乘客全部登机，舱门关闭，欢迎词广播完以后，开始示范安全设备的使用。所以在欢迎广播词广播快结束时，做安全设备示范的乘务员应站到自己的位置上准备好。乘务员根据安全设备示范的广播词的内容进行整齐划一的动作示范。示范的顺序是救生衣的使用、氧气面罩的使用、安全带的使用、应急出口的位置及使用、应急撤离指示灯的位置及使用、安全须知卡的介绍。

3. 安全演示广播词

尊敬的女士们、先生们：

为了确保飞行安全，下面由客舱乘务员进行安全演示。

Ladies and Gentlemen，

Now we will show you some in flight safety information.

（1）救生衣演示广播词。

救生衣在您座椅下面的口袋里，使用时取出，经头部穿好。

Your life vest is located under your seat. To put the vest on, slip it over your head.

将带子扣好系紧。

Then fasten the buckles and the straps tightly around your waist.

然后打开充气阀门，但在客舱内不要充气。

To inflate, pull down firmly on the tabs, but do not inflate the vest in the cabin.

充气不足时，请将救生衣上部的两个人工充气管拉出，用嘴向里充气。

If your vest needs further inflation, you can pull out the mouth pieces from either side of the upper part of the vest and blow into the tubes.

（2）氧气面罩演示广播词。

氧气面罩储藏在您座椅上方，发生紧急情况时，面罩会自动脱落。

Your oxygen mask is located in a compartment above your head. It will drop automatically if oxygen is needed.

氧气面罩脱落后，请用力向下拉面罩。

Pull the mask firmly toward you to start the flow of oxygen.

将面罩罩在口鼻处，将带子套在头上进行正常呼吸。

Place the mask over your nose and mouth and slip the elastic band over your head. And breathe normally.

（3）安全带演示广播词。

在您座椅上有两条可以对扣起来的安全带。将带子插进带扣，然后拉紧扣好，当您入座时，请您系好安全带。

There are two pieces of belts on your seat. To fasten the belt, slip it into the buckles and pull tightly.

（4）应急出口演示广播词。

本架飞机共有8个应急出口，分别位于前部、后部、中部。

There are 8 emergency exits on this aircraft. The exits are located in the front, the rear, and the mid-cabin.

（5）紧急照明指示灯演示广播词。

在客舱通道及出口处还有应急照明指示灯，在应急撤离时，请按指示路线撤离。

In the event of an evacuation, emergency exit lights will illuminate a darkened cabin. Lead you to these exits.

（6）安全须知卡演示广播词。

在您座椅背后的口袋里备有安全须知说明书，请您尽早阅读，谢谢。

There is a leaflet of safety notice to passengers in the seat pocket in front of you, please read it carefully as soon as possible.

Thank you.

4．客舱乘务员安全设备演示示范

乘务员在进行安全设备示范时，应站在乘客前边，保持良好的站姿，示范时不要前后左右移动自己的位置。面部表情自然、自信，目光平视，注意前方乘客，做动作时眼神随着手的方向移动。动作要有表现力，要让乘客容易接受。多位乘务员一起示范时，动作要整齐划一。

客舱乘务员做安全设备演示示范如图 3-8 ~ 图 3-13 所示。

安全演示

a)

b)

c)

d)

图 3-8　示范救生衣的使用方法

a)

b)

图 3-9　示范氧气面罩的使用方法

图 3-10　示范安全带的使用方法

图 3-11　指示应急出口的位置

图 3-12　指示地面应急撤离灯

图 3-13　提醒阅读安全须知

八、安全检查

安全设备示范结束后，客舱乘务员进行客舱安全检查及卫生间检查。厨房乘务员对厨房进行检查。

1. 客舱安全检查内容

（1）行李箱扣紧。
（2）全体乘客系好安全带。
（3）小桌板扣好。
（4）遮光板打开。
（5）乘客座椅靠背调直，脚垫收好。
（6）确认所有移动电话、笔记本电脑或平板电脑等电子设备已关闭并存放好（目前部分航空公司先后宣布开放机上 PED 的使用，乘客可将手机等电子设备调节到飞行模式，并关闭蜂窝数据通信功能，没有飞行模式的电子设备需全程关闭）。
（7）紧急出口位置、过道及舱门旁不得存放手提行李。
（8）婴儿由大人抱好，并将婴儿专用安全带与大人的安全带固定在一起。
（9）客舱内所有门帘拉开并系紧。

2. 卫生间安全检查内容

（1）确认卫生间无人使用。
（2）洗手间内的所有浮动物品收好。
（3）马桶盖盖好。
（4）从外侧锁闭卫生间。向上扳开卫生间外侧标有"LAVATORY"字样的金属板，移动其锁扣即可锁闭该门，如图 3-14 所示。

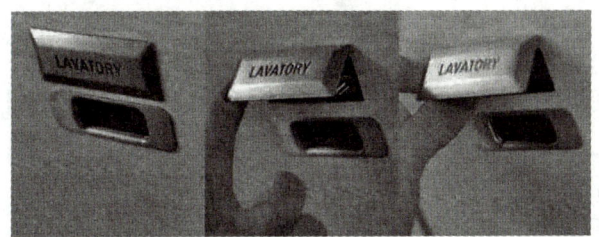

图 3-14　卫生间外侧标有"LAVATORY"字样的金属板

3. 厨房检查内容

（1）厨房服务台内无浮动物品。
（2）储物柜扣好。
（3）烤箱烧水杯等设备电源关断。
（4）餐车门扣好，踩好餐车刹车。

4. 安全检查广播词

尊敬的女士们，先生们：
我们的飞机已经准备起飞，请您系好安全带，调直座椅靠背，放下座椅扶手，收起小桌板及脚踏板，打开遮光板，确认手机关闭或处于飞行模式，笔记本电脑、平板电脑等便携式电子设备关机并放置于行李架内或妥善存放，现在由乘务员进行客舱安全检查。谢谢。

Ladies and Gentlemen,

As we are preparing for take-off, please put your seat back upright, secure your tray-table and footrest and put your armrests down.

Please make sure that your seat-belt is securely fastened, and your window shades are fully open. All mobile phones must remain switched off or switched to the flight mode function, and portable electronic devices including laptops, iPad are switched off and stowed properly throughout the flight. Cabin crew please start safety check. Thank you.

九、起飞前广播

尊敬的女士们、先生们：

飞机马上就要起飞了，请您再次确认您的安全带已扣好系紧，手机处于关闭状态或调至飞行模式，谢谢。

Ladies and Gentlemen,

Our plane will be taking off shortly. Please make sure that your those with flight mode function and other portable electronic devices can cause interference with our flight systems. According to the CAAC regulations, they must now be switched off. We would like to wish you a pleasant flight. Thank you.

▶ 任务实施

第一步：清舱

（1）乘务员按照检查客舱内部设备的工作区域进行清舱。

（2）若发现可疑物品，要马上报告乘务长；若没发现则报告乘务长清舱完毕。

第二步：迎客、数客

（1）各号位乘务员请注意，迎接乘客登机。

（2）各号位乘务员站在指定位置，整理好仪表，端正站姿。

（3）乘务长播放登机音乐，打开客舱灯光并调至高亮度。

（4）迎客时，应边鞠躬边问好。

（5）乘务员和地面人员会向乘务长汇报乘客人数。若汇报的人数有出入，则乘务长广播通知乘客坐好，乘务员重新数客。

（6）乘务长向机长汇报乘客人数。

第三步：引导乘客入座

（1）对普通乘客："您好，请出示您的登机牌，您的座位在第_____排，靠（窗、中间、通道）的位置。"

对特殊乘客："您好，我带您到座位上好吗？请随我来。"

（2）协助乘客摆放行李、衣物。提醒堵塞过道的乘客尽快就座："麻烦您站到座位里面，把过道让出来好吗？"

（3）提醒把行李放在过道或座椅前方的乘客，将行李放在行李架上。

第四步：为乘客保管物品

（1）"您好，行李箱里面有贵重或易碎物品吗？请您自己保管好。"

（2）若中途更换乘务组，应将物品归还乘客，请乘客自行交给下一乘务组。

第五步：应急出口座位确认

先生/女士，您好！

您就座的是本架飞机应急出口的座位，在此区域不要摆放任何行李物品。正常情况下请勿触动舱门操作手柄，在紧急情况下您愿意协助我们打开这个应急出口，协助乘客撤离吗？这是"出口座位须知卡"请您仔细阅读。谢谢。

第六步：关闭舱门

（1）确认舱门内外无障碍物。

（2）按住阵风锁，手握住辅助手柄往回拉舱门，待舱门拉动后再松开阵风锁。

（3）握住舱门辅助手柄，将舱门拉回至舱内。

（4）将舱门控制手柄反方向旋转180°，把舱门关好。

（5）确认舱门是否密封，且没有任何夹杂物。

第七步：操作滑梯预位

（1）将滑梯预位标注带斜扣在舱门观察窗前。

（2）将滑梯杆从舱门挂钩上取下。

（3）将滑梯杆扣在地板支架内。

第八步：播放安全演示录像

（1）乘务长播放安全演示录像。

（2）若无法使用录像设备播放，由各乘务员在客舱内进行安全演示。

第九步：安全检查

（1）乘务员保持大方、优雅的举止，切忌以命令式的口吻对待乘客。

（2）从上至下检查，确保不漏检。对行李架、座椅靠背、遮光板、小桌板、安全带、客舱通道等项目逐一进行检查。

（3）要求每位乘客系好安全带，将小桌板、脚蹬全部收起、扣好，调直座椅靠背，扣好空座位的安全带。

（4）同一排座位上不可有两名特殊乘客，一排座位上的乘客人数不可超过乘客头顶上方的氧气面罩数量。

（5）固定好松散物品；过道、紧急出口处禁止堆放行李等物品；行李架门全部关好、锁好。

（6）拉开并扣好门帘，确认视频系统已关闭。

（7）确认卫生间内无人；马桶盖已盖好，关闭卫生间门（起飞后及时打开）。

（8）乘务员检查完毕后，乘务长再复检确认；由乘务长向机长报告：客舱准备完毕。

第十步：厨房安全检查

（1）关闭所有的厨房电源，固定好厨房松散物品。

（2）踩好餐车刹车，锁好厨房内所有的箱、车、柜门，扣好锁扣，拉开并扣好厨房内的窗帘。

（3）调暗客舱、厨房的灯光。

第十一步：起飞前广播

（1）2号乘务员用话筒对客舱进行广播。

（2）其他乘务员马上坐好并系好安全带。

（3）区域乘务长通知乘务长准备完毕。

（4）乘务长通知机长准备完毕，可以起飞。

（5）乘务长关闭窗灯。

第十二步：机组发出起飞广播通知

（1）乘务员听到机组发出起飞广播通知时，应立即回到自己相应的座位坐好。

（2）系好安全带。

机上广播是考核项目之一。对每组的2号乘务员进行机上广播考核，客舱播音考核评价表1见表3-1。

表3-1 客舱播音考核评价表1

项目	考评点	考核标准	评分	备注
广播器使用	使用广播器熟练程度，播音流畅程度	能熟练使用广播器，播音过程流畅，音量大小合适（100～85分）		
		使用广播器较熟练，基本能完成播音，音量偏小或过大（84～60分）		
		使用广播器不熟练，播音过程停顿明显，音量控制欠佳（59分以下）		
中文	语音	0～3个错误（100～85分）		
		4～6个错误（84～60分）		
		7个错误以上（59分以下）		
	语调	语调抑扬有度，富有感情，0～2个错误（100～85分）		
		语调尚可，3～5个错误（84～60分）		
		语调平淡，6个以上错误（59分以下）		
	语气	语气柔和，保持微笑（100～85分）		
		语气较柔和（84～60分）		
		语气生硬，没有微笑（59分以下）		
	语速	语速适中，停顿适当（100～85分）		
		语速偏快或偏慢（84～60分）		
		语速过快或过慢（59分以下）		
英文	语音	0～3个错误（100～85分）		
		4～6个错误（84～60分）		
		7个错误以上（59分以下）		

（续）

项目	考评点	考核标准	评分	备注
英文	语调	语调抑扬有度，富有感情，0～2个错误（100～85分）		
		语调尚可，3～5个错误（84～60分）		
		语调平淡，6个以上错误（59分以下）		
	语气	语气柔和，保持微笑（100～85分）		
		语气较柔和（84～60分）		
		语气生硬，没有微笑（59分以下）		
	语速	语速适中，停顿适当（100～85分）		
		语速偏快或偏慢（84～60分）		
		语速过快或过慢（59分以下）		
精神状态		精神状态好（100～85分）		
		精神状态欠佳（0分）		
合计				

▶ 任务解析

当乘客报告物品丢失时，客舱乘务员应先问清楚物品名称和丢失地点，了解乘客姓名和物品的颜色、大小、特征，并告知乘客因飞机已经关闭舱门，不能下机寻找，此事会立即向机长报告，并将与地面取得联系，请求帮助查找，查找后的结果会尽快通知乘客。

经尽力查找而未找到乘客遗失的物品时，在告诉乘客前要先道歉，请乘客留下联系方式，并向乘客表明如以后找到会及时与之联系。

▶ 考核评价

任务考核评价表5见表3-2。

表3-2　任务考核评价表5

项目	评分标准	小组自评	小组互评	教师评价	实际得分
仪容仪表	1. 穿着统一制服；女乘务员必须用发带盘发，不得有碎发；男乘务员头发前不过眉、侧不过耳、后不过颈；未佩戴饰品（手表、手链、耳环、项链等）；未染指甲，指甲干净（20分） 2. 穿着统一制服；女乘务员用发带盘发，有碎发；男乘务员头发前不过眉，两侧和后面稍长；未佩戴饰品（手表、手链、耳环、项链等）；未染指甲，指甲干净（15分） 3. 未穿制服；女乘务员盘发，有碎发；男乘务员头发过长，盖过眉毛、耳朵后和后颈；佩戴饰品；未染指甲，指甲干净（10分） 4. 未穿制服；女乘务员未盘发，佩戴饰品；指甲不干净（5分）				
姿态微笑	1. 站姿、走姿、蹲姿规范；微笑自然；服务时的眼神交流亲切（20分） 2. 站姿、走姿、蹲姿较规范；微笑基本自然；服务时的眼神交流比较亲切（15分）				

（续）

项目	评 分 标 准	小组自评	小组互评	教师评价	实际得分
姿态微笑	3. 站姿、走姿、蹲姿不规范；基本微笑；服务时的眼神交流不到位（10分） 4. 站姿、走姿、蹲姿不符合岗位标准；无微笑；没有眼神交流（5分）				
文明用语	1. 能正确应用岗位文明用语，声音柔和、语速适中（20分） 2. 能较准确地应用岗位文明用语，声音较柔和、语速适中（15分） 3. 基本能应用岗位文明用语，声音僵硬、语速稍慢或稍快（10分） 4. 不能应用岗位文明用语，语速太快或太慢、表达时出现错误（5分）				
服务内容	1. 能够熟练进行波音737-800型飞机的舱门操作，步骤正确、连贯，动作规范标准；能按照广播词进行规范演示，与广播词配合恰当；演示动作规范、到位，协调性强；救生衣演示清楚，穿戴顺利，操作熟练；氧气面罩演示能真实地表现面罩的脱落、拉动面罩等过程，并将面罩罩在口鼻处；安全带演示能熟练地展示扣好安全带和打开锁扣的方法；紧急出口演示能将前部、后部和中部的位置指示清楚，动作规范；能够按照服务流程展示，动作规范（20分） 2. 能够较好地进行波音737-800型飞机的舱门操作，步骤正确，动作基本规范；能按照广播词进行规范演示，与广播词配合较好；演示动作规范到位，协调性较强；救生衣演示清楚，穿戴较顺利，操作较熟练；氧气面罩演示较真实地表现了面罩的脱落、拉动面罩等过程，并将面罩罩在口鼻处；安全带演示能较熟练地展示扣好安全带和打开锁扣的方法；紧急出口演示能将前部、后部和中部的位置指示得较清楚，动作较规范；能够按照服务流程展示，动作较为规范（15分） 3. 基本能够进行波音737-800型飞机的舱门操作，动作较不规范，操作步骤完整；能按照广播词进行规范演示，与广播词配合时，有跟不上的现象；演示动作规范但不到位，协调性较强；救生衣演示清楚，穿戴较顺利，操作较熟练；氧气面罩演示较真实地表现了面罩的脱落、拉动面罩等过程，并将面罩罩在口鼻处；安全带演示能较熟练地展示扣好安全带和打开锁扣的方法；紧急出口演示能将前部、后部和中部的位置指示得较清楚，动作较规范；能够按照服务流程展示，动作不规范（10分） 4. 波音737-800型飞机的舱门操作动作不规范，步骤不完整；能按照广播词进行演示，与广播词配合不好，操作不规范；演示动作不规范；救生衣演示操作不规范；氧气面罩演示过程不规范；安全带演示动作不规范；紧急出口指示前部、后部和中部位置的动作不规范；服务流程有错误，动作不规范（5分）				
小组配合	1. 组员配合好，乘务长组织有序，提醒、指导乘务员到位，号位划分得当（20分） 2. 组员配合较好，乘务长组织有序，能提醒和指导乘务员，号位划分不及时（15分） 3. 组员配合一般，乘务长组织有序，能提醒和指导乘务员，号位划分不及时（10分） 4. 组员配合不好，乘务长组织无序，提醒、指导不到位，乘务员号位划分不得当（5分）				

注：1. 每小组6人，分别扮演乘务长、区域乘务长和4名乘务员。各组需合作完成任务导入中的情景展示。
    2. 实际得分＝教师评价×40%＋小组互评×30%＋小组自评×30%。

练一练

1. 请说明帮助乘客保管物品的步骤。
2. 请说明波音 737-800 型飞机舱门关闭的步骤及口令。
3. 小组进行安全演示。
4. 请说明乘务员在起飞前需进行安全检查的项目。

任务二　准备餐饮工作

/学习目标/

1. 能为抱小孩的乘客挂好婴儿摇篮。
2. 能为睡觉的乘客盖好毛毯。
3. 能为需要阅读的乘客送报纸、杂志。
4. 能为阅读的乘客打开阅读灯。
5. 能摆放好水车。
6. 能用热水壶烧水。
7. 能将餐食放到烤箱里并加热餐食。

任务导入

今天你执行波音 737-800 型飞机的飞行任务。飞机平飞后，厨房乘务员、客舱乘务员按照各自岗位职责进行工作，厨房 2 号乘务员和 6 号乘务员在厨房烘烤餐食、摆好水车，客舱乘务员则进入客舱进行服务。这时一名抱着婴儿的母亲想让你帮她冲奶粉，你该怎么做？

知识准备

一、航线广播

航线广播的内容如下：
尊敬的女士们，先生们：
欢迎您选乘本次航班。
我们的飞机已经离开北京前往上海。由北京到上海的飞行距离是 1 200 千米，预计空中飞行时间为 1 小时 40 分钟。预计到达时间为中午 12 点整。
为了保证飞行安全，请您全程关闭手机，包括带有飞行模式的手机。我们的航班全程禁止吸烟。在飞行途中，会遇到不稳定气流，为了您的安全，请在座位上休息时，系好安全带。

稍后，我们的乘务员将会为您提供多种冷热饮料，希望您喜欢。我们愿与您度过一段愉快的旅程。谢谢！

Ladies and Gentlemen, Welcome aboard.

Our plane has left Beijing for Shanghai. The distance between Beijing and Shanghai is 1 200 kilometers and the flight time is 1 hour and 40 minutes. We are expected to arrive at our destination at about 12 o'clock .

All mobile phones including those with flight mode function must be switched off at all times. Smoking is not permitted throughout the flight. For your safety, always keep your seat-belt fastened while seated in case of turbulence.

In a few moments, the flight attendants will be offering you hot and cold drinks. We'd like to wish you a pleasant journey.

Thank you.

二、卫生间的准备工作

客舱乘务员从外部打开卫生间门，并把服务用品摆放好，将马桶盖打开，头等舱需要在卫生间内喷洒香水。

三、乘客细微服务

客舱乘务员为乘客提供细微服务，就是在飞机平飞10分钟后，由3号乘务员发放报纸、杂志，其他客舱乘务员则分别在头等舱及经济舱进行细微服务，乘务员进入客舱时脚步要轻，以免影响到乘客休息。细微服务的内容有以下几点：

（1）感受客舱温度，将客舱调至适合温度（白天客舱温度保持在18～22℃，夜间客舱温度保持在22～24℃）。

（2）乘务长与机上VIP打招呼，询问是否有需要帮助的地方，并介绍机上餐食让VIP先选。

（3）乘务员与特殊乘客沟通，介绍座位娱乐设备的使用方法；介绍呼唤铃的位置并叮嘱特殊乘客有需要时可按呼唤铃；询问特殊乘客有什么需要，以便及时提供服务，如可为老人提供毛毯、为抱婴儿的乘客提供婴儿摇篮、为胳膊受伤乘客提供小枕头、为无人陪伴的儿童提供机上小玩具；麻烦乘客帮忙关注一下座位旁边无人陪伴的儿童，并告知其若有需要可及时按呼唤铃等。

（4）及时回应按呼唤铃的乘客。

（5）为乘客发放报纸、杂志等，并为正在阅读的乘客打开阅读灯。

（6）为睡觉的乘客提供毛毯，并为其盖好毛毯。送毛毯时，禁止在乘客面前抖动毛毯，应在乘客侧面将毛毯慢慢打开，并由下至上为乘客盖好，乘客睡醒后，乘务员应主动送上热毛巾，并提供相应服务。

（7）为有需要的乘客调节视频、音频系统，或帮其更换节目。

（8）与预订特殊餐食的乘客进行确认。

乘客细微服务如图3-15～图3-17所示。

送报纸

项目三 飞行空中实施

a)

b)

图 3-15 拿报纸杂志姿势

图 3-16 客舱拿毛毯姿势

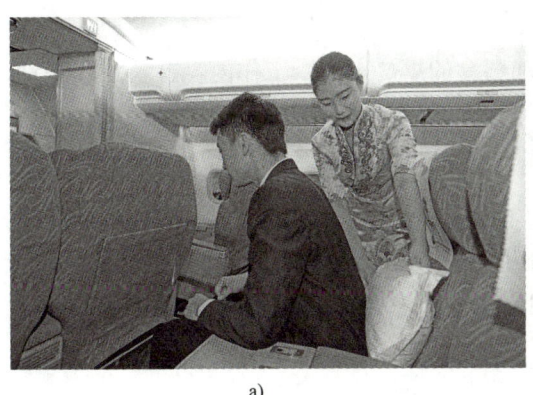
a)

b)

图 3-17 乘客细微服务

a) 为乘客放小枕头　b) 为睡觉的乘客盖小毛毯

c)   d)

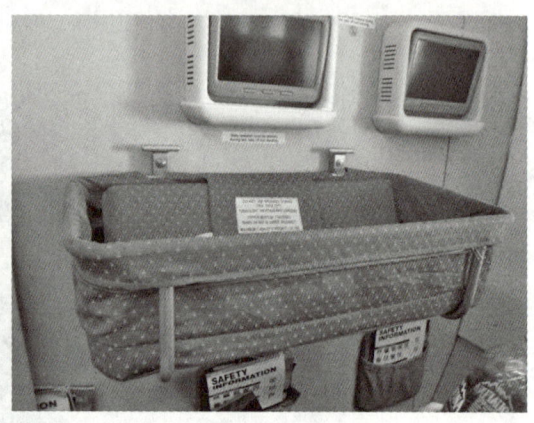

e)   f)

图 3-17　乘客细微服务（续）

c) 回答乘客的问题　d) 为乘客送报纸　e) 为乘客送杂志　f) 为乘客支起婴儿摇篮

四、厨房乘务员做餐前准备工作

2 号、6 号乘务员在厨房进行水车的准备和餐食的烘焙工作，工作内容有：加热餐食，打开煮水器烧水，冲泡茶和咖啡，摆好水车。

1. 餐食供应的规定

中国民用航空局规定，飞行时间超过 2 小时且正值供餐时间或飞行时间超过 3 小时，必须供应正餐；飞行时间超过 1.5 小时且正值供餐时间或飞行时间超过 2 小时，必须供应点心。供餐时间：06:30～08:30 提供早餐；11:30～13:30 提供午餐；17:30～19:00 提供晚餐。

2. 各类餐食加热时间及温度，见表 3-3

3. 加热餐食的注意事项

加热前，将干冰从烤箱内取出来；特殊餐食不与普通餐食一起加热；不同餐食应分别选择适合的温度。

4. 加热餐食的方法

（1）检查烤箱内有无餐食。

（2）加热前，先将干冰从烤箱内取出来。

（3）热食不能直接堆叠在一起，每层之间要用箅子隔开。

（4）特殊餐食不要与普通餐热食一起加热，以免送错。

表 3-3　餐食加热时间及温度

餐食种类	加热温度及时间
面包	150～175℃ 加热10分钟
肉类	175～200℃ 加热20分钟
海鲜类	175～200℃ 加热20分钟
点心、早餐	150～200℃ 加热15分钟
素餐	150～175℃ 加热15分钟

5. 水车的摆放方法

（1）大桶饮料摆在水车中间，小桶饮料摆在四周，标志向外，要整齐美观，方便取用。

（2）杯子倒扣，高度不超过水车上最高的瓶子。

（3）将毛巾叠成长条状，包住搅拌棒的底部，然后放在一个杯子里。

（4）咖啡壶和茶壶下面垫一块湿毛巾。

（5）水车两边各放一块湿毛巾备用。

（6）厨房乘务员在准备水车的时候，要将饮料瓶的瓶盖拧开后再稍拧紧。

（7）避免碳酸类饮料因在装卸的过程中发生摔碰而在打开时喷溅出来。

（8）避免因个别饮料瓶盖过紧，导致客舱乘务员在客舱服务时不能及时打开而影响服务。

（9）在将茶壶和咖啡壶放入水车前，需将壶的外壁用湿毛巾擦拭干净。

（10）在准备水车前，厨房乘务员还应根据需要开始加热餐食。

水车的摆放如图 3-18 所示。

图 3-18　水车摆放

任务实施

第一步：2 号乘务员进行广播。

第二步：

（1）乘务长将头等舱卫生间门从"有人"状态调到"无人"状态。

（2）区域乘务长将经济舱卫生间门从"有人"状态调到"无人"状态。

第三步：

（1）乘务长进入头等舱服务。

（2）3 号、4 号、5 号乘务员在经济舱内服务。

（3）2 号、6 号乘务员进入厨房根据供餐时间加热餐食，摆好水车。

任务解析

（1）询问乘客奶粉的用量及水的用量。

（2）冲奶前将奶瓶、奶嘴用热水消毒。

（3）将奶粉倒入奶瓶内，用量要准确。先用三分之一的开水调成糊状，再用三分之二的温水或矿泉水调到准确用量。如果奶太热，可将奶瓶放在盛冰水的杯中降温，前后摇晃奶瓶后滴出一两滴奶汁，滴在手腕处，以不感到烫手为宜。

（4）将冲好的奶递给乘客时，先将奶汁倒在乘客手腕处试温，乘客说温度可以后，用纸巾将乘客手腕处的奶汁擦净，再将奶瓶交给乘客。

客舱播音考核评价表2见表3-4。

表3-4　客舱播音考核评价表2

项目	考评点	考核标准	评分	备注
广播器使用	使用广播器熟练程度，播音流畅程度	能够熟练使用广播器，播音过程正常，音量大小合适（100～85分）		
		使用广播器较熟练，基本能完成播音，音量偏小或过大（84～60分）		
		使用广播器不熟练，播音过程停顿明显，音量控制欠佳（59分以下）		
中文	语音	0～3个错误（100～85分）		
		4～6个错误（84～60分）		
		7个错误以上（59分以下）		
	语调	语调抑扬有度，富有感情，0～2个错误（100～85分）		
		语调尚可，3～5个错误（84～60分）		
		语调平淡，6个以上错误（59分以下）		
	语气	语气柔和，保持微笑（100～85分）		
		语气较柔和（84～60分）		
		语气生硬，没有微笑（59分以下）		
	语速	语速适中，停顿适当（100～85分）		
		语速偏快或偏慢（84～60分）		
		语速过快或过慢（59分以下）		
英文	语音	0～3个错误（100～85分）		
		4～6个错误（84～60分）		
		7个错误以上（59分以下）		
	语调	语调抑扬有度，富有感情，0～2个错误（100～85分）		
		语调尚可，3～5个错误（84～60分）		
		语调平淡，6个以上错误（59分以下）		
	语气	语气柔和，保持微笑（100～85分）		
		语气较柔和（84～60分）		
		语气生硬，没有微笑（59分以下）		

（续）

项目	考评点	考核标准	评分	备注
英文	语速	语速适中，停顿适当（100～85分）		
		语速偏快或偏慢（84～60分）		
		语速过快或过慢（59分以下）		
精神状态		精神状态好（100～85分）		
		精神状态欠佳（0分）		
合计				

考核评价

任务考核评价表6见表3-5。

表3-5 任务考核评价表6

项目	评分标准	小组自评	小组互评	教师评价	实际得分
仪容仪表	1. 穿着统一制服；女乘务员必须用发带盘发，不得有碎发；男乘务员头发前不过眉、侧不过耳、后不过颈；未佩戴饰品（手表、手链、耳环、项链等）；未染指甲，指甲干净（20分） 2. 穿着统一制服；女乘务员用发带盘发，有碎发；男乘务员头发前不过眉，两侧和后面稍长；未佩戴饰品（手表、手链、耳环、项链等）；未染指甲，指甲干净（15分） 3. 未穿制服；女乘务员盘发，有碎发；男乘务员头发过长，盖过眉毛、耳朵后和后颈；佩戴饰品；未染指甲，指甲干净（10分） 4. 未穿制服；女乘务员未盘发，佩戴饰品；指甲不干净（5分）				
姿态微笑	1. 站姿、走姿、蹲姿规范，微笑自然；服务时的眼神交流亲切（20分） 2. 站姿、走姿、蹲姿较规范，微笑基本自然；服务时的眼神交流比较亲切（15分） 3. 站姿、走姿、蹲姿不规范；基本微笑；服务时的眼神交流不到位（10分） 4. 站姿、走姿、蹲姿不符合岗位标准；无微笑；没有眼神交流（5分）				
文明用语	1. 能正确应用岗位文明用语，声音柔和、语速适中（20分） 2. 能较准确地应用岗位文明用语，声音较柔和、语速适中（15分） 3. 基本能应用岗位文明用语，声音僵硬、语速稍慢或稍快（10分） 4. 不能应用岗位文明用语，语速太快或太慢、表达时出现错误（5分）				
服务内容	1. 工作流程规范，细微服务的工作内容完整、动作规范、分工明确，放在烤箱里的餐食数目和分类正确，水车内物品摆放规范（20分） 2. 工作流程较规范，细微服务的工作内容完整、动作较规范、分工较明确，放在烤箱里的餐食数目和分类正确，水车内物品摆放较规范（15分） 3. 工作流程不规范，细微服务的工作内容不完整、动作较规范、分工较明确，放在烤箱里的餐食数目和分类正确，水车内物品摆放较规范（10分）				

（续）

项目	评分标准	小组自评	小组互评	教师评价	实际得分
服务内容	4. 工作流程不规范，细微服务的工作内容不完整、动作不规范、分工乱，放在烤箱里的餐食数目和分类不正确，水车内物品摆放不规范（5分）				
小组配合	1. 组员配合好，乘务长组织有序，提醒、指导乘务员到位，号位划分得当（20分） 2. 组员配合较好，乘务长组织有序，能提醒和指导乘务员，号位划分不及时（15分） 3. 组员配合一般，乘务长组织有序，能提醒和指导乘务员，号位划分不及时（10分） 4. 组员配合不好，乘务长组织无序，提醒、指导不到位，乘务员号位划分不得当（5分）				

注：1. 每小组6人，分别扮演乘务长、区域乘务长和4名乘务员。各组需合作完成任务导入中的情景展示。
　　2. 实际得分 = 教师评价 × 40% + 小组互评 × 30% + 小组自评 × 30%。

练一练

1. 请说明水车的摆放方法。
2. 请说明客舱服务的内容。
3. 请说明各种餐食在烤箱内加热的时间及温度要求。
4. 请说明细微服务的工作内容。

任务三　发送饮品

/学习目标/

1. 了解机上饮品的种类。
2. 能为乘客提供饮品。
3. 掌握饮品发送服务的标准动作。

▶ 任务导入

今天你有波音737-800机型的航班任务，在空中服务过程中，普通舱一位乘客从你手中接过一杯热茶，接手过程中因乘客没有拿稳，洒在了乘客的腿上，请问你会怎样处理？

知识准备

一、饮品介绍及提供时的注意事项

(一)酒类饮品服务

1. 啤酒的服务方式

啤酒是由大麦或其他谷物制成糊物,发酵后再加上啤酒花制成的。一般在有热食的航班上供应啤酒,无热食不供应。啤酒应先在冷藏柜内冷藏再提供给乘客。在乘客没有主动要求的情况下,不要主动为其加冰。

开启啤酒时应借助一条小毛巾;倒酒时,杯子倾斜45°,倒至杯子的四分之三处,将杯子连同啤酒罐一起交给乘客。

2. 葡萄酒的服务方式

开葡萄酒时,先在离瓶口5厘米的地方用刀转一圈,但不要弄掉金属纸,再用螺旋开瓶器对准瓶塞中心垂直往下转。瓶盖打开后,先用餐巾纸将瓶口擦拭干净,再将瓶口的酒稍微倒掉一些,以免有瓶塞木屑浮在上面。红葡萄酒在室温下供应,开餐前的30分钟开瓶;白葡萄酒应冷藏至10~12℃后再供应。

送葡萄酒时,需介绍酒的全称,并请乘客过目酒的商标。当夫妇坐在一起时,应先倒一点请男士品尝,男士认可以后,再给女士倒酒,随后给男士倒酒。

3. 香槟酒的服务方式

(1)给乘客倒酒时,应保留瓶底凸起部位以下的酒,以免将瓶底的渣子倒入杯中。

(2)供酒前,应检查酒杯是否有破损,凡是有破损的酒杯都不应使用。

(3)倒酒完毕,抬起酒瓶时,应慢慢转动酒瓶,以免酒滴在桌上。

(二)无酒精饮料的服务

1. 矿泉水的服务

矿泉水从味道上分为咸味、无味两种;从是否含有气体上分为有气和无气两种。矿泉水最好是冷藏后再提供,如乘客无要求则不主动加冰。

2. 果汁的服务

(1)果汁的主要原料含量应大于50%,飞机上需求量较大果汁的主要有以下几种:

1)橘子汁:飞机上用量最大,成人及孩子都爱喝。饮用时加冰与否应根据乘客的要求。

2)番茄汁:内地乘客消费量不大,外宾及我国港台地区乘客喜爱加冰饮用。

3)菠萝汁:飞机消费量不大。此饮料可提供给糖尿病人饮用,加冰饮用味道更好。

4)苹果汁:儿童喜欢饮用,冷藏后饮用味道更好。

(2)提供果汁时的注意事项:

1)开封前要摇晃,并擦拭果汁桶的顶部。

2)开封的果汁留存时间不宜过长。

3)加冰与否要征求乘客意见。

3. 提供含气饮料时的注意事项

（1）打开前不要摇晃饮料。

（2）借助小毛巾打开，以防气泡外溢。

（3）倒饮料时杯子倾斜45°。

（4）不要过早打开，倒饮料前应询问乘客是否需要加冰。

4. 茶水服务

（1）在飞机上，提供给经济舱乘客的一般是花茶；提供给公务舱乘客的还有绿茶和红茶。花茶和红茶一般以袋泡茶的形式提供。

（2）红茶沏好后应立即送过去，由乘客自调浓淡。奶茶由红茶沏好后加入牛奶制成；柠檬茶由红茶沏好后加一片鲜柠檬制成。若乘客需要糖，将糖一同送去即可，由乘客自行添加。

（3）花茶服务的注意事项。将一包花茶放入茶壶中，注入开水至五成满进行冲泡；到送茶水时，再注入开水至七成满稀释茶汁。冲泡次数不宜过多，两次为宜。

5. 咖啡服务

飞机上提供的咖啡大多为速溶咖啡，一般一大包可冲泡一壶。先将咖啡放入咖啡壶内，注入五成开水后搅拌均匀；到送咖啡时，再加入开水至七成满后搅拌，提供给乘客。

> **小提示**
>
> 注意：向乘机乘客提供饮品时，应在热饮中加少量矿泉水，但还要保证热饮一定的温度，要以不烫伤乘客为原则，初次调制的热饮可加750毫升的矿泉水，如果热饮壶中原本有一些剩余，应适当减少矿泉水的加入量，并可以根据季节的不同来调整矿泉水的加入量。

二、服务的标准动作

客舱内服务的动作一般有端、拿、倒、送、收、推拉。

1. 端

双手端盘，盘竖着端，托盘尽量压低。端盘子的后半部，四指并拢托住盘子的下部，拇指扶在盘子的外沿。如需转身，身子转，盘子不转，如图3-19所示。

图3-19 端的标准动作

2. 拿

拿杯子、酒瓶等，应拿下部三分之一处，如图 3-20 所示。

图 3-20　拿水杯的标准动作

3. 倒

倒水时，手放在杯子及饮料瓶的下部三分之一处，饮料倒至杯子的七成满处。

倒含气的酒或饮料时，杯子倾斜 45°，以免泡沫溢出。

给儿童乘客倒饮料时，倒至杯子的五成满处，倒好后放在桌子中间，并告诉其家人。

给乘客倒饮品的原则是从前至后，先里后外。按乘客座位顺序，先女宾后男宾。倒冷饮和热饮的手位如图 3-21 和图 3-22 所示。

图 3-21　倒冷饮的手位

图 3-22　倒热饮的手位

4. 送

用大托盘，摆放整齐、美观，航徽或标志正对着的乘客。每次送餐或饮品时，要多备一份，送的标准动作如图 3-23 所示。

a)　　　　　　　　　　　　　　　　b)

图 3-23　送的标准动作

5. 收

收杯子时先外后里，与送的顺序相反。空杯子用盘子收；左边的客人用右手收，右边的客人用左手收；将杯子由里向外摆放，高度最多不能超过 5 个，收杯子的标准动作如图 3-24 所示。

6. 推拉

推水车：手扶在水车上方两侧。拉水车：手放在水车上方的凹槽内。推拉的标准动作如图 3-25 所示。

图 3-24　收杯子的标准动作　　　　　图 3-25　推拉的标准动作

▶ 任务实施

第一步：乘务员将水车从厨房推出来，每名乘务员按顺序向乘客送饮品。

> **小提示**
>
> 注意：提供饮品时，两名乘务员推拉水车时要注意配合和推拉标准，不得念念有词，对于妨碍乘务员推拉车的乘客要有针对性地进行提示，不可推拉得过猛、过快，以免水车碰到过道处的障碍物时将饮品溅到乘客身上，或因推拉速度过快而撞到乘客。

第二步：主动向乘客介绍饮品（热饮最好直接放在乘客的小桌板上），如图3-26所示。按照乘客座位顺序进行介绍，即先ABC后JKL、先里后外，还应遵循女士优先的原则。

图3-26　向乘客介绍饮品

询问乘客时可参照以下说法：

（1）"您好，我们为您准备了咖啡、茶水、雪碧、可乐、橙汁……请问您需要什么饮料？"

（2）"请问您的可乐需要加冰吗？"

第三步：主动协助乘客放下小桌板。

第四步：倒饮料。

递给乘客饮料时，应有必要的说明：

（1）"这是您的可乐，请慢用。"

（2）"这是您的咖啡，有点儿烫，请您接好。"

第五步：用托盘收水杯（"您好，可以收走了吗？"）

若乘客将空杯子递给乘务员，应说"谢谢"。

> **小提示**
>
> 注意：
>
> （1）不得让乘客当"二传手"，为其他乘客传递饮料，也不得将饮料从乘客头上传过。传递饮料时，应距离乘客的头部远些，不要让乘客有闪躲的动作。
>
> （2）如果不慎将饮料洒在乘客身上，应及时道歉，并用纸巾和毛巾擦拭，注意态度要诚恳。
>
> （3）中、后舱服务要做好交接，以避免漏发。

▶ 任务解析

发生热茶洒到乘客腿上时，应首先道歉，同时帮乘客清理、擦拭，提醒乘客应脱去烫伤部位的衣物（可到卫生间检查）马上进行冰敷，涂抹烫伤膏，提示乘客多关注受伤部位，争取得到乘客的谅解。（如果遇到夏季提供热饮的情况，应将热饮放于小桌板上，不手递手。）

▶ 考核评价

任务考核评价表 7 见表 3-6。

表 3-6 任务考核评价表 7

项目	评 分 标 准	小组自评	小组互评	教师评价	实际得分
仪容仪表	1. 穿着统一制服；女乘务员必须用发带盘发，不得有碎发；男乘务员头发前不过眉、侧不过耳、后不过颈；未佩戴饰品（手表、手链、耳环、项链等）；未染指甲，指甲干净（20分） 2. 穿着统一制服；女乘务员用发带盘发，有碎发；男乘务员头发前不过眉，两侧和后面稍长；未佩戴饰品（手表、手链、耳环、项链等）；未染指甲，指甲干净（15分） 3. 未穿制服；女乘务员盘发，有碎发；男乘务员头发过长，盖过眉毛、耳朵后和后颈；佩戴饰品；未染指甲，指甲干净（10分） 4. 未穿制服；女乘务员未盘发；佩戴饰品；指甲不干净（5分）				
姿态微笑	1. 站姿、走姿、蹲姿规范；微笑自然；服务时的眼神交流亲切（20分） 2. 站姿、走姿、蹲姿较规范；微笑基本自然；服务时的眼神交流比较亲切（15分） 3. 站姿、走姿、蹲姿不规范；基本微笑；服务时的眼神交流不到位（10分） 4. 站姿、走姿、蹲姿不符合岗位标准；无微笑；没有眼神交流（5分）				
文明用语	1. 能正确应用岗位文明用语，声音柔和、语速适中（20分） 2. 能较准确地应用岗位文明用语，声音较柔和、语速适中（15分） 3. 基本能应用岗位文明用语，声音僵硬、语速稍慢或稍快（10分） 4. 不能应用岗位文明用语，语速太快或太慢、表达时出现错误（5分）				
服务内容	1. 提供不同的饮品时，提供的方法正确，端托盘、拿水杯、倒水、送水、收水杯、推拉水车的动作及位置标准，提供饮品的顺序正确（20分） 2. 提供不同的饮品时，提供的方法正确，端托盘、拿水杯、倒水、送水、收水杯、推拉水车的动作及位置较标准，提供饮品的顺序错1个（15分） 3. 提供不同的饮品时，提供的方法不完全正确，端托盘、拿水杯、倒水、送水、收水杯、推拉水车的动作及位置错3个（含3个）以下，提供饮品的顺序错3个（含3个）以下（10分） 4. 提供不同的饮品时，提供的方法不正确，端托盘、拿水杯、倒水、送水、收水杯、推拉水车的动作及位置错3个以上，提供饮品的顺序错3个以上（5分）				

（续）

项目	评分标准	小组自评	小组互评	教师评价	实际得分
小组配合	1. 组员配合好，乘务长组织有序，提醒、指导乘务员到位，号位划分得当（20分） 2. 组员配合较好，乘务长组织有序，能提醒和指导乘务员，号位划分不及时（15分） 3. 组员配合一般，乘务长组织有序，能提醒和指导乘务员，号位划分不及时（10分） 4. 组员配合不好，乘务长组织无序，提醒、指导乘务员不到位，号位划分不得当（5分）				

注：1. 每小组6人，分别扮演乘务长、区域乘务长和4名乘务员。各组需合作完成任务导入中的情景展示。
　　2. 实际得分 = 教师评价 ×40% + 小组互评 ×30% + 小组自评 ×30%。

练一练

1. 请说明提供含气饮料时的注意事项。
2. 请说明提供茶水服务的注意事项。
3. 请模拟拿杯子的标准动作。
4. 送冷饮时，若不慎将冷饮洒在了乘客的身上，你该怎么办？
5. 送咖啡时，若不慎将咖啡洒在了乘客的身上，你该怎么办？

任务四　发送餐食

/学习目标/

1. 了解机上餐食的种类。
2. 掌握送餐顺序。
3. 能为经济舱乘客提供餐食。
4. 能够根据乘客的要求，为没有预订特殊餐食的乘客提供机上现有食品。

▶ 任务导入

今天你有波音737-800机型的航班任务。送餐中，一位乘客提出自己不吃任何有肉食物，要求吃素食餐。但是由于这位乘客不了解特殊餐食的预订流程，导致航空公司并没有配送素食餐上飞机。你该如何解决这一问题？

知识准备

一、供餐广播

女士们，先生们：

今天我们将为您提供午餐，主餐种类有鸡肉米饭和牛肉面条。由于每种主餐数量有限，可能无法满足您的首选，希望能得到您的谅解。同时我们还将为您提供冷热饮料。为了方便您和他人用餐，请放下小桌板，调直座椅靠背。祝您用餐愉快！

Ladies and Gentlemen,

We will be serving lunch soon. Today, a choice between chicken rice and beef noodle will be offered to you, we do appreciate your understanding if you can not get your choice due to the limited quantity of each selection. Meanwhile, we will offer you cold and hot drinks. For your convenience, please put down you tray table and return your seat back to the upright position.

Thank you!

二、餐食介绍

1. 普通餐食

普通餐食一般分为正餐和点心餐。两种餐食的区别在于：正餐有两种可供乘客选择的热食，而点心餐则不供应热食。此外，在某些航空公司的航班上，有时会提供轻正餐，即有热食，但只提供一种热食，没有其他餐食可供选择。热食正餐如图3-27所示。点心餐如图3-28所示。

a)　　　　　　　　　　　　　　　　b)

图3-27　热食正餐

a) 头等舱正餐　b) 经济舱正餐

（1）头等舱正餐（午餐、晚餐）由冷荤盘、热食、色拉盘、甜食盘、面包和黄油组成（用瓷盘装），可选的品种较多。

（2）经济舱正餐（午餐、晚餐）由冷荤盘、热食、色拉盘、甜食盘、面包和黄油组成。但经济舱通常仅有一到两种热食提供给乘客。

（3）点心餐。

1）头等舱点心餐：由冷荤盘、水果盘和甜品组成（用瓷盘装）。

2）经济舱点心餐：由冷荤盘、水果盘和甜品组成（用三分之二盘、塑料盒分别装）。

a)　　　　　　　　　　　　　　　　　　b)

图3-28　点心餐

a) 头等舱点心餐　b) 经济舱点心餐

2. 特殊餐食

乘客可以根据个人的民族习惯或者健康上的需要预订特殊餐食，但乘客应至少在飞机起飞前24小时向航空公司提出要求。特殊餐食由食品公司根据"特殊食品通知单"提供，要做好特殊标记。乘客登机前，乘务长要根据"特殊乘客通知单"了解特殊餐食的内容及要求，通知乘客所在座位的区域乘务长和乘务员。婴儿用餐时，乘务员应视情况，等婴儿用餐完毕后，再为监护人提供餐食。在提供特殊餐食时，乘务员应尊重各国及各地区的风俗习惯。下面介绍几种常见的特殊餐食。

（1）犹太餐（Kosher Meal，KSML）。根据犹太教规，犹太餐应在特殊的厨房中，在犹太教教士的严格监督下制作。犹太餐应在完好无损的盒中保存，整套地提供给乘客，供其打开检查，打开后由乘客本人将套餐交给乘务员加热。餐食由锡纸封严，加热后送给乘客，确保封严的锡纸完好无损。

在无犹太餐的情况下可提供面包、牛奶、水果、蔬菜沙拉。

（2）婴儿餐（Baby Meal，BBML）。婴儿餐（见图3-29）适用于10个月以上的婴儿食用。这个年龄段的孩子仍不能吃固体食物，因此可提供适合孩子的去渣的肉和蔬菜，再提供一份婴儿甜点和婴儿水果汁。

（3）溃疡餐（Bland Meal，BLML）。这种餐食低纤维、低脂肪、清淡、易于消化，适合肠胃不适的乘客。

a)

b)

c)

图 3-29　婴儿餐

（4）儿童餐（Children Meal，CHML）。儿童餐是为 1～2 岁的孩子准备的。提供的多是这一年龄段儿童喜爱的食品，如鱼排、鸡排、面条、香肠，甜点多为冰激凌、水果等，如图 3-30 所示。

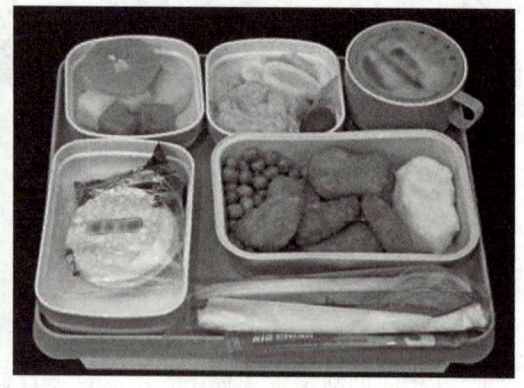

图 3-30　经济舱儿童餐

（5）清真餐（Moslem Meal，MOML）。严禁猪肉类食品，牛羊肉可接受，鱼是允许的。若无特殊餐食，水果、蔬菜和米饭可作为替代食品。

穆斯林不饮酒，软饮料一般是茶或咖啡。

（6）印度教餐（Hindu Meal，HNML）。牛肉是绝对禁止的，并且严格的印度教徒几乎是素食者。如果飞机上没有配置特殊餐食，乘务员应征求乘客的意见，看乘客是否吃肉类食物（除牛肉）或者素食，然后根据乘客的要求提供肉类（除牛肉）、鸡蛋、蔬菜沙拉、水果、米饭等食品。

（7）素食餐（Vegetarian Meal，VGML）。乘客可能因不同原因而选择素食，口味有很大不同。如有些严格素食者，不吃任何动物类食物，包括奶制品、蛋类。而有的素食者又可以接受牛奶和蛋类制品。乘务员应在无特殊餐食时为乘客及时配餐。

严格素食不包括蛋类和牛奶制品。素食餐如图 3-31 所示。

（8）糖尿病餐（Diabetic Meal，DBML）。糖尿病人应少吃或不吃含糖食物，面包、米饭、面条、通心粉等可以适量食用。肉类可以吃，但是烹饪时要避免添加含糖佐料，所有蔬菜和水果都可以适量地食用。

图 3-31　素食餐

在送糖尿病餐时，同时要送低脂肪、无糖的饮料，如茶、无糖咖啡、矿泉水、葡萄酒等，有时含酒精的饮料也可以。

（9）特殊餐食及其表示方法

① HNML：Hindu Meal　　　　　　　印度教餐
② MOML：Moslem Meal　　　　　　清真餐
③ KSML：Kosher Meal　　　　　　　犹太餐
④ 西式素食—VLML　　　　　　　　严格西式素食—VGML
⑤ 印度素食—AVML　　　　　　　　严格印度素食—IVML
⑥ SFML：Seafood Meal　　　　　　　海鲜餐
⑦ HFML：High Fiber Meal　　　　　　高纤维餐
⑧ LFML：Low Fiber Meal　　　　　　低纤维餐
⑨ GFML：Gluten Free Meal　　　　　无谷蛋白餐
⑩ LFML：Low Fat Meal　　　　　　　低脂肪（胆固醇）餐
⑪ LSML：Low Sodium Meal　　　　　低盐餐
⑫ LCML：Low Calorie Meal　　　　　低热量餐
⑬ LPML：Low Protein Meal　　　　　低蛋白餐
⑭ NLML：No Lactose Meal　　　　　无乳糖餐

三、供餐程序

乘务员供餐时先送特殊餐食。送完特殊餐食后，乘务员将餐车推出，介绍餐食种类（"您好，我们为您准备了鸡肉米饭、牛肉面条，请问您需要哪一种？"），然后将乘客选择的餐食放在小桌板上。（同时应说明，"这是您的鸡肉米饭，请慢用。"）送完餐食后，马上送餐中饮品，等乘客吃完后，回收餐盘、杯子、杂物（回收之前应询问，"您好，请问我可以收走了吗？"）。

1. 推拉餐车的技巧

推餐车：手扶在餐车上方的两侧。

拉餐车：手放在餐车上方的凹槽里。

特殊餐食发送

❀ 小提示

注意：推出餐车时，要注意提醒靠通道的乘客往里靠，以免餐车撞到乘客的腿部。餐车停下时应立即踩住餐车的刹车。推餐车经过乘客身旁时，乘务员要说："餐车经过，请注意膝盖。"一般情况下，乘务员不能将餐车单独放置于客舱通道内。

2. 餐盘的送法

餐车门在厨房内打开，从下到上抽取餐盘（见图3-32）。将餐盘放在小桌板的正中，热食靠近乘客。放的时候，动作要轻、稳、准，无论是在厨房还是在客舱内均要注意这一点（见图3-33）。

图 3-32 抽取餐盘

图 3-33 送餐

3. 送饮料的注意事项

在第二次送饮料时，需要注意根据情况决定是否为乘客更换水杯。如果乘客两次需要的饮料品种不同，最好为乘客更换水杯。

4. 用餐车回收餐盘、杯子和杂物的方法

杯子用托盘回收，餐盘用餐车回收。餐车顶部放两个大托盘，用来放空杯子。用过的餐盘在餐车内从上到下逐格摆放。按座位先外后里收，剩余的餐食放在餐车里。水杯则摆放在餐车上方的托盘上，水杯摞在一起时，最多不超过五个杯子。

回收零星的餐具和纸巾无须使用餐车，而改用托盘和镊子。一般镊子用来夹取乘客用过的纸巾，但拿出来之前只能放在托盘下面，不能让乘客一眼就看见镊子，这样视觉效果会好些。

5. 巡视客舱

空中餐饮服务的基本程序完成后，乘务员要带上大托盘巡视客舱，用托盘收拾杂物。端托盘技巧如下：从服务间拿空托盘出来时，应盘面朝里竖着拿，自然垂放在身体的一侧。双手端托盘的后半部，靠近自己身体，四指并拢托住托盘底部，拇指扶在托盘的外沿，大小臂呈 90° 夹角。端托盘在客舱内转身时，身体转，托盘不转动方向。

乘务员在巡视客舱时需要照顾特殊乘客，并保持客舱通道及卫生间的卫生。

如果在这段时间乘务员需要用餐，则要轮流用餐，以保证客舱随时有乘务员能够为乘客提供服务。

乘务员在整个飞行过程中，要注意及时回复乘客的呼唤铃。按照服务要求，乘务员必须在呼唤铃声响起 1 分钟内回复乘客。

▶ 任务实施

第一步：2 号乘务员播放供餐广播。

第二步：提前检查特殊餐食的种类和数量，乘客预订的特殊餐食要先提供，禁止用广播器广播寻找乘客。

第三步：委婉提醒前排乘客调直座椅靠背，以方便后排乘客用餐。

第四步：乘务员将餐车从厨房推出来，每名乘务员负责为一排乘客送餐。

> **注意事项：**
> 餐车推出时，两名乘务员要注意推餐车时的配合和标准，口中不得念念有词，对于妨碍乘务员拉车的乘客要有针对性地进行提示，不可推得过猛过快，避免餐车推拉速度过快而撞到乘客。

第五步：主动向乘客介绍热食种类。

第六步：要按照乘客的座位顺序提供正餐，先 ABC 后 JKL，先里后外。

> **注意事项：**
> （1）提供正餐时，如果乘客此时不需要用餐，要询问乘客是否需要保留餐食。
> （2）为休息的乘客贴休息卡，将乘客的热食先送回服务间，做好标志之后放置在烤箱中保温，当乘客醒来后，乘务员需要向乘客做好解释并及时提供餐饮服务。
> （3）确保餐食温度，不能为乘客提供不冷不热的餐食，送热食时应提醒乘客小心烫手。

第七步：送餐中饮料。
第八步：如有乘客在餐饮服务时提出其他的需求，要尽可能及时满足。
第九步：回收餐盘、杯子和其他杂物。

任务解析

在遇到没有预订特殊餐食的乘客时，要先与他沟通，根据机上现有条件为其提供餐食。之后再详细告诉他特殊餐食应在起飞前至少 24 小时预订。

客舱播音考核评价表 3 见表 3-7。

表 3-7　客舱播音考核评价表 3

项目	考评点	考 核 标 准	评分	备注
广播器使用	使用广播器熟练程度，播音流畅程度	能熟练使用广播器，播音过程正常，音量大小合适（100～85 分）		
		使用广播器较熟练，基本能完成播音，音量偏小或过大（84～60 分）		
		使用广播器不熟练，播音过程停顿明显，音量控制欠佳（59 分以下）		
中文	语音	0～3 个错误（100～85 分）		
		4～6 个错误（84～60 分）		
		7 个错误以上（59 分以下）		
	语调	语调抑扬有度，富有感情，0～2 个错误（100～85 分）		
		语调尚可，3～5 个错误（84～60 分）		
		语调平淡，6 个以上错误（59 分以下）		
	语气	语气柔和，保持微笑（100～85 分）		
		语气较柔和（84～60 分）		
		语气生硬，没有微笑（59 分以下）		
	语速	语速适中，停顿适当（100～85 分）		
		语速偏快或偏慢（84～60 分）		
		语速过快或过慢（59 分以下）		
英文	语音	0～3 个错误（100～85 分）		
		4～6 个错误（84～60 分）		
		7 个错误以上（59 分以下）		
	语调	语调抑扬有度，富有感情，0～2 个错误（100～85 分）		
		语调尚可，3～5 个错误（84～60 分）		
		语调平淡，6 个以上错误（59 分以下）		
	语气	语气柔和，保持微笑（100～85 分）		
		语气较柔和（84～60 分）		
		语气生硬，没有微笑（59 分以下）		

（续）

项目	考评点	考核标准	评分	备注
英文	语速	语速适中，停顿适当（100～85分）		
		语速偏快或偏慢（84～60分）		
		语速过快或过慢（59分以下）		
精神状态		精神状态好（100～85分）		
		精神状态欠佳（0分）		
合计				

考核评价

任务考核评价表8见表3-8。

表3-8 任务考核评价表8

项目	评分标准	小组自评	小组互评	教师评价	实际得分
仪容仪表	1. 穿着统一制服；女乘务员必须用发带盘发，不得有碎发；男乘务员头发前不过眉、侧不过耳、后不过颈；未佩戴饰品（手表、手链、耳环、项链等）；未染指甲，指甲干净（20分） 2. 穿着统一制服；女乘务员用发带盘发，有碎发；男乘务员头发前不过眉，两侧和后面稍长；未佩戴饰品（手表、手链、耳环、项链等）；未染指甲，指甲干净（15分） 3. 未穿制服；女乘务员盘发，有碎发；男乘务员头发过长，盖过眉毛、耳朵后和后颈；佩戴饰品；未染指甲，指甲干净（10分） 4. 未穿制服；女乘务员未盘发；佩戴饰品；指甲不干净（5分）				
姿态微笑	1. 站姿、走姿、蹲姿规范，微笑自然；服务时的眼神交流亲切（20分） 2. 站姿、走姿、蹲姿较规范；微笑基本自然；服务时的眼神交流比较亲切（15分） 3. 站姿、走姿、蹲姿不规范，基本微笑；服务时的眼神交流不到位（10分） 4. 站姿、走姿、蹲姿不符合岗位标准；无微笑；没有眼神交流（5分）				
文明用语	1. 能正确应用岗位文明用语，声音柔和、语速适中（20分） 2. 能较准确地应用岗位文明用语，声音较柔和、语速适中（15分） 3. 基本能应用岗位文明用语，声音僵硬、语速稍慢或稍快（10分） 4. 不能应用岗位文明用语，语速太快或太慢、表达时出现错误（5分）				
服务内容	1. 服务流程正确，特殊餐食的配送方式规范，细微服务动作规范，推拉餐车、送餐食、送水、回收餐盘和水杯的动作标准（20分） 2. 服务流程正确，特殊餐食的配送方式较规范，细微服务动作较规范，推拉餐车、送餐食、送水、回收餐盘和水杯的动作较标准（15分） 3. 服务流程正确，特殊餐食的配送方式不规范，细微服务动作较规范，推拉餐车、送餐食、送水、回收餐盘和水杯的动作不标准（10分） 4. 服务流程不正确，特殊餐食的配送方式不规范，细微服务动作不规范，推拉餐车、送餐食、送水、回收餐盘和水杯的动作不标准（5分）				

（续）

项目	评 分 标 准	小组自评	小组互评	教师评价	实际得分
小组配合	1. 组员配合好，乘务长组织有序，提醒、指导乘务员到位，号位划分得当（20分） 2. 组员配合较好，乘务长组织有序，能提醒和指导乘务员，号位划分不及时（15分） 3. 组员配合一般，乘务长组织有序，能提醒和指导乘务员，号位划分不及时（10分） 4. 组员配合不好，乘务长组织无序，提醒、指导乘务员不到位，号位划分不得当（5分）				

注：1. 每小组6人，分别扮演乘务长、区域乘务长和4名乘务员。各组需合作完成任务导入中的情景展示。
　　2. 实际得分＝教师评价×40%＋小组互评×30%＋小组自评×30%。

练一练

1. 在某次航班上，正值用餐时间，乘客提出需要素食，乘务员向乘客解释机上没有配备素食餐，只能给乘客提供正常餐食或小面包时，乘客露出了不满的神情。如果你是该乘务员，你会怎么办？

2. 提供餐食时，乘客正在休息，你应该怎么做？

3. 乘客没有吃饱，向乘务员再要一份餐食时，你要怎么做？

4. 请写出以下特殊餐食的英文名称及缩写

犹太餐_____　　印度教餐_____

糖尿病餐_____　　婴儿餐_____

素食餐_____　　溃疡餐_____

清真餐_____

任务五　服务特殊乘客

/学习目标/

1. 了解特殊乘客的分类。
2. 掌握特殊乘客的心理特点。
3. 能为特殊乘客服务。
4. 能够处理乘客丢失物品的情况。

▶ 任务导入

今天你有波音737-800机型的航班任务，飞机起飞后由于颠簸，一位乘客出现了晕机的症状，头晕恶心并伴有呕吐，你该如何处理？

知识准备

一、老年乘客

1. 心理特点

人到老年，体力、精力开始衰退，生理的变化也带来了心理上的变化。老年乘客有以下特点：思维迟缓，记忆力减退；反应较慢，应变能力较差。有些老年人会因思维能力的减弱而说话不连贯甚至语无伦次。但他们的情绪一般比较稳定，不易过分欢喜或忧愁。在性格上，有的深沉孤僻，有的开朗健谈。

在外籍乘客中，老年人的自主意识很强，通常自己提拿行李，不愿意接受别人过多的帮助。

在乘机过程中，年老体弱乘客最关心的就是飞行的安全。他们害怕飞机起降时的不适感。乘务员应提前向他们介绍飞机旅行的常识，在关键时刻提前告诉他们注意事项，并尽可能地守护在他们身边，以消除其恐惧心理。

有时候，尽管嘴上不说，但他们内心还是需要别人的关心和帮助。乘务员应洞悉并及时满足他们的心理需要，尽量消除他们的忧虑。

2. 服务要点

登机时，应热情搀扶老年乘客（但不要强行搀扶那些不愿意被帮助的老年乘客），主动帮助其提拿、安放好随身物品并安排座位。老年乘客使用的手杖应放在座椅下（紧贴机舱壁板放好），或由乘务员妥善保管，同时需做好解释工作，避免其产生不安心理。在主动介绍客舱设备时，除对呼唤铃、清洁袋、洗手间做特别说明外，还应对遮光板进行说明（因有的老人有眼疾，怕光）；老年乘客腿部怕冷，乘务员应主动提供毛毯，帮助盖毛毯时应注意把腿部盖好并适当垫高下肢；还应主动用较亲切的称呼来缓解他的紧张情绪。若机上有无人陪伴的老年乘客，应将其安排在离乘务员较近的座位，以方便照顾（但应符合安全规定）。

部分老年乘客听力较差，对于机上的广播内容经常听不清楚。遇到这种情况时，乘务员要主动告知飞行时间、距离，介绍客舱服务设备的位置以及当前飞机的状态（如"飞机就要起飞或下降"等），并要主动介绍安全带的使用方法。在介绍过后，为了防止老年乘客无法打开安全带，应让老年乘客自行操作一次。

老年乘客腿脚易肿胀、酸痛，乘务员可视情况提供拖鞋。为老年乘客提供饮料时，要根据老年人的特点为其介绍低糖饮料和热饮；介绍时应适当提高音量，主动介绍饮料品种，并提醒哪种饮料含糖。老年乘客需要橙汁时，应主动提醒橙汁是微酸的。与老年乘客谈话时，声音要略大些，语速要慢，语言要简练（遇老年乘客犹豫不定时，不能总是追问"是不是喝这个？"或"喝那个吗？"应该重点介绍各种餐食、饮品的特点）。因老年乘客的消化功能较弱，因此要介绍一些清淡、易于消化、容易食用的菜式，不要介绍那些刺激性强、味道重、骨刺多的食物，应尽量送热饮料和软质食品，要主动帮助老年乘客拿出餐具，打开餐食的包装。

在旅途中，要经常去看望老年乘客，并主动嘘寒问暖（如询问客舱温度是否适宜，是否需要去洗手间等），工作空闲时多与他们交谈，以消除老年人旅途中的寂寞情绪。与他们交谈时，要态度诚恳，可以自己家的老年人亲属为话题。有些老年乘客的眼睛不适，易干燥、酸痛，可适时提供温热的毛巾供其擦拭或热敷。

在长航线中，可利用老年人使用洗手间的时间，协助其多活动，否则他们在下机时会腿脚无力且疼痛；也可视情况为在座位上的老年乘客轻捶腰、背、腿。老年乘客使用洗手间时，乘务员要主动上前迎接并为其将门打开，铺好马桶垫纸，介绍马桶冲水按钮的位置和使用方法等。乘务员还应主动帮助没戴老花镜的老年乘客填写意见卡等。飞机下降前，要告知他们预防"压耳朵"的方法，以消除因飞机下降所带来的不适感。

二、儿童乘客

1. 心理特点

儿童乘客性格活泼、天真、幼稚、好奇心强、善于模仿、判断能力较差、做事不计后果，有些经常独自旅行的、无成人陪伴的小乘客还会呈现出少年老成的心理特点。无成人陪伴的小乘客是指年龄满5周岁但不满12周岁，没有年满18周岁且有民事行为能力的成人陪伴乘机的儿童。

2. 服务要点

乘务员在为儿童乘客提供服务时，要注意防止机上不安全因素的出现，适时提醒与儿童同行的监护人。对于无成人陪伴的小乘客，需要有专门的乘务员负责照看，以防出现意外。

在航班上，最先登机的特殊乘客是无成人陪伴的小乘客（Unaccompanied Minors，UM）。在其他乘客登机前，地面工作人员会先把无成人陪伴的小乘客送上飞机。无成人陪伴的小乘客的座位一般在飞机前舱，不可安排在出口座位处。前舱乘务员要主动与地面工作人员做好签单交接，了解小乘客要到达的目的地、姓名、身体状况、生活习惯以及所携带的物品，以便更好地为其服务。

对儿童及无成人陪伴的小乘客，乘务员要检查安全带的长度是否合适，示范安全带系好和解开的方法，并提示飞机将很快起飞，需要他们做好配合，并系好安全带。

在为儿童提供饮料时，不可过满、过烫，倒至杯子的五分满处即可。为儿童提供饮料时，应事先征求家长的意见，特别是为儿童提供热饮时，不要倒得过多，应将热饮递给监护人，并注意语言上的提示。为儿童提供冷饮时，应一并送上吸管。

根据实际情况，为儿童提供儿童读物和玩具，并提醒其不要在客舱玩耍、奔跑，以免受伤或妨碍他人。

对于无成人陪伴的小乘客，在飞行中应指定一名乘务员负责照顾，在起飞、下降、遇气流颠簸时，应帮助小乘客系好安全带。为其提供饮料时，最好提供果汁。

三、带婴儿的乘客

1. 心理特点

带婴幼儿的乘客最关心的是小孩子的饮食和健康状况，他们往往会把自己的需求置于小孩子的需求之后，对于乘务员服务的要求也是尽量先满足婴、幼儿的需要。绝大多数家长对于小孩子得到的称赞与关注会感到高兴，也比较愿意别人亲近自己的小孩子。但是也有部分外国乘客不是很愿意别人过分接近自己的孩子，例如逗小孩子、拍照片等。

在飞机上，有的带婴儿的乘客缺乏照看婴幼儿的经验，这时他们更需要乘务员提供相应的帮助。

2. 服务要点

乘务员应帮助带婴儿的乘客提拿行李，安排座位，安放手提行李，并帮助其系好安全带（一般不要替乘客抱婴儿），主动介绍服务设备的使用方法，调整通风口，避免风直接吹到婴儿。飞机平飞后，应询问乘客是否需要摇篮，如果需要，可协助乘客安放摇篮，垫上毛毯，放好小枕头，让婴儿平躺在摇篮里（摇篮的最大承重为15千克）。

乘务员应主动向乘客了解何时需要给婴儿热奶或加热食品。目前的婴儿奶粉冲调比较简单，只要将奶粉与适量的温水充分混合摇匀即可。当乘务员将兑好的奶或加热过的食品交给乘客时，一定要请乘客再次确认温度是否合适。一是因为每个婴儿会存在差异性，还是家长比较了解；二是家长再次确认婴儿食品的温度，可以保证乘务员不会出现操作失误。

当乘务员将奶瓶等交给带婴儿的乘客时，不妨同时递上一条干净的小毛巾，因为婴儿在用餐当中难免会从嘴角溢出一些。如果正赶上客舱供餐，需要征求带婴儿乘客的意见，确认是否等婴儿用餐完毕后再为其及时送上餐食。餐食中如有热食，最好将热食放回烤箱保温，以免乘客用餐时热食已凉。

当需要时，可给婴儿提供玩具。

对于带幼儿的乘客，可以根据实际情况向其提供幼儿专用安全带，并介绍起飞前和下降时抱婴儿的正确方法。飞机起飞、下降前，应提醒家长将婴儿叫醒，以免"压耳朵"。在起飞、下降时，要提醒乘客抱好婴儿、系好安全带并收回摇篮，同时帮助乘客整理手提物品，穿好衣服，并建议乘客给婴幼儿喝点奶或水，婴儿的吞咽动作可以预防"压耳朵"的发生。

四、孕妇

由于飞机是在高空飞行，高空中氧气含量相对较少，气压降低，因此，航空公司对孕妇乘机有一定的限制条件，只有符合航空运输规定的孕妇，才可乘机。对怀孕不足8个月（32周以内）的健康孕妇，可视为一般乘客乘机。

1. 心理特点

孕妇乘客，特别是体态已经比较明显的孕妇乘客，在平时的生活中受到家人、朋友以及旁人比较多的照顾，因此，她们会把得到他人的照顾与关注看成是比较自然的事情。

2. 服务要点

乘务员要主动帮助孕妇乘客提拿和安放随身携带的物品，主动介绍服务设备的使用方法和卫生间的位置。如果需要，可帮助其调整座位，调整通风口，不要使其受凉。还可送一个小枕头，垫在其腰后面。

飞机起飞前，在孕妇的小腹部位垫上一条小毛毯或一个枕头，然后系上安全带。安全带应系在大腿根部，并示范解开的方法。

由于身体的原因，孕妇可能会经常起身去洗手间，需要给其安排靠近走道的座位以方便进出。当孕妇使用洗手间时，乘务员要主动上前迎接并为其打开门，铺好马桶垫纸，并介绍马桶冲水按钮的位置和使用方法等。同时，在整个飞行旅途中，乘务员需要不时地询问孕妇乘客，以提供必要的帮助。

五、晕机乘客

可向晕机乘客提供晕机药品（1片）并加以安慰，调整靠背让其放松休息，介绍清洁袋的使用方法。

1. 心理特点

晕机乘客通常会因自己晕机影响到其他人而感到不好意思，同时对身体状况的不适又不知如何处理。特别是有一些因晕机而呕吐的乘客，他们更需要乘务员提供帮助。

2. 服务要点

遇有晕机的乘客，乘务员应主动上前询问他们乘机前后的情况以及晕机的严重程度，并加以安慰。根据状况让其松开领带、腰带和安全带等，帮助调整座椅靠背，打开通风器，让乘客休息，介绍清洁袋的使用方法，及时送上温水、毛巾，在必要时且在征得乘客同意的情况下提供晕机药品。乘客呕吐时，可用手在乘客的后背自上往下轻轻按摩以减轻不适，并及时更换清洁袋；乘客呕吐后要送上漱口的温水、毛巾，及时擦净乘客被弄脏的衣服、行李和毛毯。如果座椅被弄脏，有条件时可为乘客更换座位；没有空座时，应将座椅擦干净，铺上小毛毯后再请乘客就座。一些初次执行飞行任务的乘务员也会晕机，但同时还需要帮助晕机的乘客。他们需要克服晕机带来的不适，还要做好晕机乘客的服务工作，这对乘务员的意志和服务意识都是严峻的考验。

六、病、残乘客

病、残乘客是指由于身体或精神上的缺陷或病态，在航空旅行中不能自行照料自己的旅途生活、需要他人帮助照料的乘客。

1. 心理特点

自尊心强，一般不会主动要求服务人员帮忙，总是显示他们与健全人无区别，不愿意别人说他们是残疾人，或把他们看成残疾人。

2. 病、残乘客分类

病、残乘客又可分为以下几种类型：
（1）需使用拐杖者：尽快将拐杖递给乘客并加以引导。
（2）上肢残疾者：主动送上枕头、毛毯，协助做一切事。
（3）盲人：搀扶上、下飞机或遇有障碍时随时告知，介绍并引导触摸各种服务设备的位置。
（4）聋哑人：主动使用手语，或读口形，借助符号或手势。
（5）传染病人：单独收集病人触碰过的物品并交地面卫生防疫部门处理。

（6）轮椅乘客。轮椅乘客可分为三种：无自理能力残疾轮椅乘客（Wheelchair-S For Cabin Seat，WCHC）；半自理能力残疾轮椅乘客（Wheelchair-S For Cabin Step，WCHS）；有自理能力残疾轮椅乘客（Wheelchair-S For Cabin Ramp，WCHR）。

（7）担架乘客：只能安排在经济舱的最后一排，且必须有陪伴人员。通常先上且最后下机。应指定专人负责，常观察询问，要妥善照顾，但应以辅助其陪同人员为主。

3. 服务要点

病、残乘客优先登机，乘务员要主动帮助乘客提拿和安放好行李及轮椅等物品。协助乘客就座，并将其安全带系好，使乘客感到舒适，并由一名乘务员负责照顾。空中如有需求，应主动细心地给予帮助。在飞机起飞、下降和颠簸时，要帮助病、残乘客系好安全带。下飞机时，乘务员应帮助取放行李及轮椅等物品。服务病、残乘客时，乘务员要特别注意尊重他们，考虑到他们的忌讳，不要触碰他们的患病部位，不要伤害他们的自尊心。如坐轮椅的乘客用餐、去卫生间等有困难时，应主动、细心地给予照顾。在飞行中，要指定专人负责担架乘客，要经常观察，询问病情，根据情况妥善照顾；提供饮料和餐食时，要与病人和陪同人员商量，也可协助进食。

七、醉酒乘客

醉酒乘客是指因饮酒过多而失去自控能力，在航空旅行中明显会给其他乘客带来不愉快或可能造成不良影响的乘客。按照有关规定，醉酒乘客不得乘坐民航客机。在为机上乘客提供饮品服务时，乘务员尽量不要给其提供酒类饮品，若乘客在机上醉酒，必要时可请求安全员给予帮助。

八、罪犯

由于罪犯是受到我国现行法律管束的，在办理罪犯（含犯罪嫌疑人）运输时，应与公安部门配合。

对于这类乘客，不得提供任何含酒精的饮料，不得提供具有伤害性的用具、餐具，不要安排其坐在出口座位处，不要暴露该人身份，应像对待一般乘客一样。

九、无签证过境的乘客

无签证过境（Transit Without Visa，TWOV）的乘客是指此乘客从一国出发，途中在某国中转前往第三国，其不必申请中转国签证即可过境。

十、丢失物品的乘客

如有乘客报告物品丢失，应先问清楚物品名称和丢失地点，了解物品的颜色、大小、特征，以及乘客姓名、座位号等。如在飞机关闭舱门前报告丢失了物品，应立即向乘务长和机长报告丢失物品的时间，并与地面工作人员联系，请他们帮助查询。找到丢失物品后，还应让乘客确认一下，当面交还失主。如在飞机关闭舱门后报告丢失了物品，还应问清楚遗失物品乘客的地址、旅行的目的地和联系方式等。

十一、航空公司也可拒绝一些乘客登机

可拒绝登机的乘客：
（1）是或疑似中毒人员。
（2）是或疑似吸毒人员。
（3）已知是传染性疾病的患者。
（4）拒绝进行人身及物品安全检查的人员。

任务实施

第一步：登机时，先征求特殊乘客的意见，帮助他们拿行李，并引导入座。
第二步：协助乘客坐好，帮助乘客放好行李，并系好安全带。
第三步：向乘客介绍座椅上的服务设备。
第四步：指定一名乘务员负责照顾特殊乘客，每隔15分钟应关照一下特殊乘客，并给予帮助。（"您好，需要我为您做些什么吗？"）。
第五步：送水时，为乘客放好小桌板，并将水杯放在小桌板上。
第六步：送热食时，提醒乘客注意，小心烫伤。
第七步：乘务员帮助特殊乘客完成飞机降落前的安全检查。
第八步：下飞机时，与地面工作人员做好交接工作。

任务解析

在条件允许的情况下，让病人平躺，准备温毛巾、温水和备用清洁袋，打开通风口，让客人放松，也可以让客人解开领口与袖口。同时广播找医生寻求帮助，询问病人的同伴，了解发病情况。如果发现客人没有任何病史，也不是晕机，应及时向机长报告，说明情况。提供机上的医疗设备，协助医务人员的工作，随时关注乘客身体状况。

考核评价

任务考核评价表9见表3-9。

表3-9　任务考核评价表9

项目	评分标准	小组自评	小组互评	教师评价	实际得分
仪容仪表	1. 穿着统一制服；女乘务员必须用发带盘发，不得有碎发；男乘务员头发前不过眉、侧不过耳、后不过颈；未佩戴饰品（手表、手链、耳环、项链等）；未染指甲，指甲干净（20分） 2. 穿着统一制服；女乘务员用发带盘发，有碎发；男乘务员头发前不过眉，两侧和后面稍长；未佩戴饰品（手表、手链、耳环、项链等）；未染指甲，指甲干净（15分） 3. 未穿制服；女乘务员盘发，有碎发；男乘务员头发过长，盖过眉毛、耳朵后和后颈；佩戴饰品；未染指甲，指甲干净（10分） 4. 未穿制服；女乘务员未盘发；佩戴饰品；指甲不干净（5分）				

（续）

项目	评分标准	小组自评	小组互评	教师评价	实际得分
姿态微笑	1. 站姿、走姿、蹲姿规范；微笑自然；服务时的眼神交流亲切（20分） 2. 站姿、走姿、蹲姿较规范；微笑基本自然；服务时的眼神交流比较亲切（15分） 3. 站姿、走姿、蹲姿不规范；基本微笑；服务时的眼神交流不到位（10分） 4. 站姿、走姿、蹲姿不符合岗位标准；无微笑；没有眼神交流（5分）				
文明用语	1. 能正确应用岗位文明用语，声音柔和、语速适中（20分） 2. 能较准确地应用岗位文明用语，声音较柔和、语速适中（15分） 3. 基本能应用岗位文明用语，声音僵硬、语速稍慢或稍快（10分） 4. 不能应用岗位文明用语，语速太快或太慢、表达时出现错误（5分）				
服务内容	1. 整个服务流程正确，迎客、引导入座、摆放行李的动作规范，细微服务全面，服务动作规范；在送餐服务和送水服务时，能够根据不同的特殊乘客给予不同的、正确的服务，并且服务动作规范；全程能够很好地照顾特殊乘客，安全检查时能够很好地帮助特殊乘客；交接工作正确规范（20分） 2. 整个服务流程正确，迎客、引导入座、摆放行李的动作较规范，细微服务全面，服务的动作较规范；在送餐服务和送水服务时，能够根据不同的特殊乘客给予不同的、较正确的服务，并且服务动作较规范；全程能够很好地照顾特殊乘客，安全检查时能够较好地帮助特殊乘客，交接工作较规范（15分） 3. 整个服务流程正确，迎客、引导入座、摆放行李的动作不规范，细微服务全面，服务动作较规范；在送餐服务和送水服务时，能够根据不同的特殊乘客给予同样的、较正确的服务，并且服务动作较规范；全程没有照顾特殊乘客，安全检查时能够较好地帮助特殊乘客；交接工作不规范（10分） 4. 整个服务流程不正确，迎客、引导入座、摆放行李的动作不规范，细微服务不全面，服务的动作不规范；在送餐服务和送水服务时，对不同的特殊乘客给予同样的、不正确的服务，服务动作不规范；全程没有照顾特殊乘客，安全检查时没有帮助特殊乘客；交接工作不规范（5分）				
小组配合	1. 组员配合好，乘务长组织有序，提醒、指导乘务员到位，号位划分得当（20分） 2. 组员配合较好，乘务长组织有序，能提醒和指导乘务员，号位划分不及时（15分） 3. 组员配合一般，乘务长组织有序，能提醒和指导乘务员，号位划分不及时（10分） 4. 组员配合不好，乘务长组织无序，提醒、指导乘务员不到位，号位划分不得当（5分）				

注：1. 每小组6人，分别扮演乘务长、区域乘务长和4名乘务员。各组需合作完成任务导入中的情景展示。
　　2. 实际得分＝教师评价×40%＋小组互评×30%＋小组自评×30%。

练一练

1. 特殊乘客有哪几种？

2. 请说明老年乘客的服务要点。
3. 如果乘客报告物品丢失，乘务员应如何给予帮助？

任务六　着陆前工作

/学习目标/

1. 了解客舱巡视的工作内容。
2. 掌握下降前管理的工作流程。
3. 能够按照工作流程、完成下降前的工作。

▶ 任务导入

今天你有波音 737-800 机型的航班任务，乘客声称自己的手机在飞机上丢失了，你该如何处理？

▶ 知识准备

一、客舱巡视

供餐后乘务员应及时且不间断地巡视客舱，主要应做到如下几点：

（1）与乘客沟通。

1）向询问的乘客介绍航线信息及到达时间、天气、温度。

2）征求乘客对餐饮服务的意见，认真听取并记录，随后应表示感谢。

3）及时了解乘客的需求并进行处理。

4）及时回复按呼唤铃的乘客。

5）帮助乘客交换书报、杂志，按乘客需求为正在阅读的乘客打开阅读灯。

6）如需要使用轮椅的乘客未随身携带轮椅，乘务长必须在飞机到达乘客目的地之前通知机组人员，由机组人员提前与地面人员联系安排轮椅，以方便乘客下飞机。应了解担架乘客在到达站有无车接，必要时，可根据乘客要求报告机组，由机组与地面人员联系，安排有关事宜（在某些情况下，需要乘客自行承担费用）。在飞行过程中，还要对老人、孕妇、抱小孩的乘客及要客等特殊乘客主动进行询问，如"有什么可以帮您的吗？"飞机下降时，应检查病人是否已系好安全带，提醒病人躺好、扶稳；在飞机起飞、下降前，如果无成人陪伴的小乘客在睡觉，应将其叫醒，以免"压耳朵"。

（2）清扫洗手间，及时补充洗手间用品，始终保持洗手间整洁、无异味，使其符合洗手间的卫生标准。

（3）添加饮料。

（4）回收不用的餐盘、杯碟，清理走廊、座位、洗手间和地板。

（5）照顾好特殊乘客。
（6）照顾好睡觉的乘客。
（7）调节好客舱温度（昼间飞行时 22～26℃；夜间飞行及乘客休息时 24～28℃）。
（8）帮助阅读的乘客打开阅读灯。
（9）注意观察乘客的动态，严防劫机。

二、下降前管理

飞机下降前，乘务员的管理工作流程如下：

工作流程：预报到达时间广播→还礼广播→归还衣物→飞机降落前的安全检查→供应品回收→落地前再次确认广播→乘务员入座。

1. 预报到达时间广播

在落地前 30 分钟预报到达时间广播，广播内容如下。

女士们，先生们：

本架飞机大约在 30 分钟后到达上海浦东国际机场，上海的地面温度 35 摄氏度，95 华氏度。

飞机已经开始下降，请您调直座椅靠背，放下座椅扶手，收起小桌板，系好安全带并打开遮光板。为了避免干扰飞行系统，请关闭个人电脑等电子设备，在舱门开启前请您不要打开手机，卫生间将在 10 分钟后停止使用，谢谢！

Ladies and Gentlemen,

We will be arriving at Shanghai Pudong International Airport in 20 minutes. The temperature is 35 degrees Celsius or 95 degrees Fahrenheit. As we are landing shortly, please put your armrest down. Please make sure that your seat-belt is securely fastened, and your window shades are opened. In order not to interfere with our flight systems, all electronic devices including your laptops must now be switched off. You are also reminded that all mobile phones must remain switched off until doors are opened. The toilets will be closed in 10 minutes. Thank you.

2. 还礼广播

广播内容如下。

女士们，先生们：

对您在旅途中给予的支持和帮助，我们全体机组成员表示最诚挚的谢意。

Ladies and Gentlemen,

On behalf of the entire crew, we would like to thank you for your support and cooperation during the flight.

Thank you.

图 3-34 和图 3-35 分别为乘务长和乘务员向乘客还礼致意。

3. 归还衣物

乘务员将头等舱内替乘客保管的衣物归还给乘客，如图 3-36 所示。

图 3-34　乘务长在头等舱还礼致意

图 3-35　其他乘务员在经济舱还礼致意

图 3-36　归还头等舱乘客的衣物

4．飞机降落前的安全检查

（1）2号、6号乘务员确保厨房内的设备和餐车已经固定好。

（2）请乘客系好安全带，调直座椅靠背，收好脚踏板，扣好小桌板，拉开遮光板。

（3）确保卫生间无人使用，并锁闭卫生间。

（4）收好乘客座位处的食物、饮料、餐具。

（5）收起电视屏幕。

（6）扣紧行李架的门扣。

（7）调暗客舱灯光。

（8）关闭厨房电源。

（9）打开客舱窗帘。

5. 供应品回收

（1）厨房乘务员此时应整理厨房，固定所有设备，关掉所有电源开关。

（2）飞机将要回到始发机场时，乘务员须如实填写"机上供应品回收单"，由乘务长监督回收，并签字。

（3）乘务长还应检查客舱设备有无损坏，如有设备损坏，须填写"客舱维修记录本"。

（4）对重要的团体乘客、要客和身份保密的乘客，乘务员应事先和陪同人员商妥下机顺序；乘务长应向要客征求意见并道别。

6. 落地前再次确认广播

着陆前2分钟（安全带指示灯闪亮后），乘务员应广播通知乘客再次确认安全带已扣好、系紧，笔记本电脑、手机等限用设备已关闭。此时，需再次进行确认广播（中文）：

女士们，先生们：

飞机马上就要降落在_____机场。请您再次确认您的安全带是否系紧，手机等电子设备是否已关闭。

谢谢！

7. 乘务员入座

乘务员听到确认广播后，马上回到座位上坐好，系好安全带、肩带，等待飞机降落。

任务实施

第一步：乘务组分工进行客舱巡视，并做好细微服务。

第二步：2号乘务员在落地前20分钟时进行广播。

第三步：乘务长、3号乘务员、4号乘务员进入客舱进行还礼。

第四步：乘务长、3号乘务员、4号乘务员归还替乘客保管的衣物。

第五步：2号乘务员、5号乘务员、6号乘务员打扫厨房、卫生间的卫生。

第六步：乘务长、3号乘务员、4号乘务员进行客舱安全检查。

第七步：2号乘务员、5号乘务员、6号乘务员进行厨房、卫生间安全检查。

第八步：乘务长检查客舱整体状况，并填写"客舱维修记录本"。

第九步：2号乘务员、6号乘务员回收供应品。

第十步：2号乘务员再次确认广播。

第十一步：乘务员回到自己座位系好安全带、肩带。

任务解析

1. 如果在机上发生失窃，乘务员首先要如实向带班乘务长报告。带班乘务长向机长报告如下信息，并由机长通知即将抵达的航站。
（1）遗失物品的颜色、大小等特征及其价值。
（2）失窃是在机上发生的。
（3）是否在有可能丢失的地方查找过。
（4）在到达时乘客是否要报案。

2. 如果乘客要求报案，乘务员要与乘客确认下列事项：
（1）如果警方介入，会带来不便，导致乘客不能按时下飞机。
（2）如果失物很难确定物主，如现金，找回的希望很小。

3. 在飞机落地前，由带班乘务长广播，由于发生失窃，乘客要求机组向警方报案，请乘客在飞机落地后坐在原位。乘务组要尽力让乘客知道不是机组成员采取的行动。

考核评价

任务考核评价表 10 见表 3-10。

表 3-10　任务考核评价表 10

项 目		评价内容	评价标准	评分	备注
直接准备	安全设备	按照设备检查单完成，无漏项	漏一项扣 1 分，共 5 分		
	服务设备	检查细致，无漏项	漏一项扣 1 分，共 2 分		
	服务用品	服务用品清点细致，完成准备	漏一项扣 1 分，共 2 分		
	号位安排	号位清楚、职责明确	号位不清扣 1 分		
起飞前	登机	主动问候，引导就座，保持微笑	漏一项扣 1 分，共 6 分		
		出口座位确认及时	漏一项扣 1 分，共 1 分		
	安全演示及舱门操作	安全演示动作正确、统一，保持微笑	漏一项扣 1 分，共 3 分		
		严格按照舱门操作单完成操作	漏一项扣 1 分，共 1 分		
	安全检查	语言到位，有针对性，灵活	漏一项扣 1 分，共 4 分		
		无漏项	漏一项扣 1 分，共 5 分		
飞行服务	服务动作	动作准确，手势及身体姿态符合要求	漏一项扣 1 分，共 5 分		
	服务语言	语言有理、灵活，普通话标准	漏一项扣 2 分，共 8 分		
		面带微笑	漏一项扣 2 分，共 2 分		
	回答问询	回答问询清楚，处理及时	漏一项扣 2 分，共 8 分		
		应变能力良好	漏一项扣 1 分，共 2 分		
	乘客服务	符合乘客服务要求，有针对性	漏一项扣 2 分，共 8 分		
		能够创新提供服务	漏一项扣 1 分，共 1 分		

（续）

项 目		评价内容	评价标准	评分	备注
飞行服务	厨房乘务员	服务准备及时，与客舱乘务员配合良好	漏一项扣2分，共4分		
		工作台干净整洁	漏一项扣2分，共2分		
	广播	中、英文标准、流利，语速适中，语调抑扬有度	漏一项扣1分，共5分		
		面带微笑	漏一项扣2分，共2分		
	安全	检查及时，配合好	漏一项扣2分，共2分		
	清舱	细致、仔细，无漏项	漏一项扣1分，共1分		
小组配合	服务程序	程序清楚	漏一项扣5分，共5分		
	组员配合	组员分工明确，补位及时	漏一项扣1分，共4分		
	微笑	面带微笑	漏一项扣2分，共2分		
	客舱环境	干净整洁，有条不紊	漏一项扣2分，共4分		
	乘务长组织	号位划分得当	漏一项扣1分，共1分		
		有提醒，有指导	漏一项扣1分，共2分		
		讲评到位，奖罚分明	漏一项扣1分，共2分		

小组总体评价
优点：
有待提高的部分：

1. 请说明飞机降落前安全检查的内容。
2. 请说明客舱巡视的工作内容。

任务七　客舱应急处理——机上起火的处置

/学习目标/

1. 了解火警种类及灭火器种类。
2. 了解机上起火的位置及种类。
3. 掌握灭火的步骤。
4. 发现机上着火，能够立即成立灭火小组为飞机灭火。

▶ 任务导入

今天你有波音 737-800 机型的航班任务,飞机起飞后,厨房烧水杯烧干冒烟,并伴有烧焦的味道,你该如何处理?

▶ 知识准备

一、机上火灾的处置

火的产生一般需具备三要素:可燃物、燃点、氧化剂。飞机内部有些材料是由人造化工原料制成的,在热源导入、熏烧的情况下将产生大量毒烟,并会遇热上升,烟雾中含有大量的有毒化学成分,如一氧化碳、氢氰酸、氯化氢和丙烯醛等。烟雾具有快速扩散的特点,其有毒化学成分能迅速破坏人的判断力和行动力,并导致人的死亡。飞机上三种常见火情适用的灭火器类别见表 3-11。

表 3-11　飞机上三种常见火情适用的灭火器类别

序号	火警类别(飞机上三种常见火情)	适用的灭火器类别
1	纸张、木材、纤维、橡胶、某些塑料等易燃物	采用水灭火器使物质浸透,防止余火
2	汽油、润滑油、油脂溶剂、油漆及正在燃烧的液体、食物、油类等易燃液体	二氧化碳(CO_2)灭火器 海伦灭火器(1211 灭火器) 干粉灭火器
3	电气短路或电气设备漏电或发动机、开关、厨房电器设备等起火	灭火前应切断电源 二氧化碳(CO_2)灭火器 海伦灭火器(1211 灭火器) 干粉灭火器

> **注意:**
> 如果灭火器使用错误将有害无益。例如,表 3-11 中后两种灭火器对第一类火警的效用度会明显低于水灭火器;水灭火器会增加易燃液体的火势。电气火警用水灭火器将引起严重的电击甚至会致命。

基本处置程序

(1)及时报告。乘务员应及时通知驾驶舱机组,说明起火和烟雾情况(包括具体位置、形状、密度、颜色、气味等);通知乘务长和全体乘务员起火的方位,请求提供协助,并戴上呼吸保护装置(PBE)去接替未采取防护措施的乘务员灭火。

(2)互相协作,保持联络。乘务员接到报告后,应立即广播,紧急呼叫全体乘务员,并告知起火方位,说明是否需要帮助,同时保持与驾驶舱机组的联络,保持驾驶舱门关闭。其他乘务员则应立即把 PBE 与灭火器送往起火处,关闭火源附近的通风口,分工合作扑灭火源。

(3)照顾乘客。不参与灭火的乘务员应负责照顾客舱中的乘客,把乘客调离烟雾、气体或火源处。乘务员可使用广播或麦克风告知乘客在充满烟雾的客舱内,把头保持在座椅扶手的水平面上，并向乘客提供湿毛巾，让乘客用它来捂住口鼻处，或递上装满水的冰桶，让乘客把衣物、手帕等弄湿，遮在口鼻处。需要注意的是：不要让乘客使用活动氧气瓶上的连续流量氧气面罩或客舱氧气系统的面罩。这些装置不能阻止吸入周围的空气，并且不能过滤掉烟雾。

如果在地面时发现起火，乘务员应对状况进行评估并请求帮助，必要时组织乘客紧急撤离，但此时的飞机必须在地面且处于静止状态。

二、灭火程序

在执行灭火程序时，应组成三人灭火小组，一名负责灭火，一名负责通信与联络，一名负责援助。

（1）寻找火源，确定起火的性质。
（2）断开受影响区域的电源开关，切断电源。
（3）乘务员要注意做好自我保护，穿戴好防烟面罩，取用相应的灭火器灭火。
（4）向机长报告，始终保持与驾驶舱的联系。必要时请求机长切断失火区域电源。
（5）收集所有的灭火设备到失火现场，保持灭火设备随时可用。
（6）监视情况，保证余火被灭尽。

三、灭火职责

1. 灭火者的职责

首先发现冒烟或失火的乘务员应该承担灭火者的工作。
（1）负责观察烟雾、火情。
（2）就近取用适用的灭火器和防烟面罩。
（3）立即灭烟灭火。
（4）通知其他乘务员。

2. 通信/联络员的职责

（1）通过内话机系统向机长报告火情，注意语言简练、信息清晰。
1）冒烟/失火位置及物品。
2）有无异常响声。
3）烟的浓度。
4）烟的气味。
5）烟/火的颜色。
6）火势的大小。
7）对乘客的影响。
8）客舱乘务员采取的行动。
（2）不间断地与驾驶舱联系，汇报冒烟/灭火情况，传递机组指示。
（3）准备好辅助灭火设备，做好第二灭火者准备。

3. 援助者的职责

（1）收集其余的灭火器和防烟面罩。

（2）做好接替灭火者工作的准备。
（3）负责监视防烟面罩的使用时间。
（4）负责监视余火，保证其无复燃的可能。

四、特定设备与环境起火

（1）烤炉起火。如果发生烤炉起火，除了遵循"基本处置程序"外，乘务员还应当关闭烤炉的门，以消耗氧气和窒息火焰；堵上烤炉的通气孔，准备戴上防烟面罩。如果火焰扩展到外部的话，应使用灭火器进行灭火。

（2）卫生间起火。如果卫生间发生起火或烟雾警报，除了遵循"基本处置程序"外，乘务员应首先敲门，确定里面是否有人。如果有，应先试着与里面的人联系。如果是香烟的烟雾造成烟雾探测器发出声音，应让该乘客熄灭香烟，打开门将烟雾从卫生间内清除掉，则警报解除，同时与该乘客进行沟通，并且通知机组。

如果无人用卫生间，应用手背感觉一下门的上下部及门缝处是否有热度，同时使用防烟面罩。如果卫生间门和四周舱壁是凉的，可小心地开门（不要正对门缝，或一次全开），为了压住火焰，也可以使用潮湿的毛毯打灭火苗。如果卫生间门和四周舱壁是热的，应用安全斧，在门或舱壁（高温处）上劈一个洞，将灭火器喷头伸入洞口，并释放灭火剂。如果有烟雾从门的四周溢出，应用湿的毛毯或毛巾堵住缝隙。灭火成功后，应关闭卫生间，并通知机长。

（3）衣帽间着火。如果衣帽间发生起火，除了执行"基本处置程序"外，首先应用手背触摸门及四周舱壁的热度，并使用防烟面罩。如果门和四周舱壁是凉的，应小心地开门（不要正对门缝，或一次全开），注意观察起火的位置，对准火源底部喷射灭火剂。如有可能，应移走未燃烧的衣物等。如果门和四周舱壁是热的，应用安全斧在舱门壁上（高温处）劈一个洞，将灭火器喷头伸入洞口，并释放灭火剂。灭火成功后，应关闭衣帽间，并通知机组。

（4）荧光灯整流器起火。荧光灯整流器为上、下侧壁的客舱灯提供电流。因长时间的使用，整流器可能会过热，并产生具有明显气味的烟雾。整流器起火通常是短暂、会自我熄灭和相对没有危险性的。如果整流器过热，乘务员应通知驾驶舱机组，并关闭相关的电源。

▶ 任务实施

第一步：三名乘务员快速组队。

第二步：一名乘务员确认火情，一名乘务员拿灭火器、防烟面具，另一名乘务员打电话向机长汇报情况。

第三步：按起火原因及状况的不同，采取不同的灭火措施。

1. 烤箱起火

（1）戴好防烟面具。
（2）关闭厨房电源。
（3）关好烤箱的门。
（4）堵好烤箱排风口。

（5）使用灭火器灭火。

2. 卫生间起火

（1）戴好防烟面具。
（2）先敲门，询问是否有人在卫生间里。
（3）用手背感觉一下门的上、下部及门缝是否有热度。若是凉的，则将门开一个小缝移走未燃烧的物品，使用灭火器灭火；若是热的，则将门凿开小洞，使用灭火器灭火。

3. 衣帽间着火

（1）戴好防烟面具。
（2）用手背感觉一下门的上、下部及门缝处是否有热度。若是凉的，则将门开一个小缝，使用灭火器灭火；若是热的，则将门凿开小洞，使用灭火器灭火。

4. 荧光灯整流器起火

（1）通知机长关闭相关电源。
（2）戴好防烟面具。
（3）视情况使用灭火器灭火。
第四步：第二名乘务员拿灭火器，时刻等着传递与支援。
第五步：第三名乘务员将火情报告给机组。
第六步：其他乘务员安抚乘客。

任务解析

首先关闭厨房总电源，然后拔下烧水杯电源（确认温度不会造成烫伤的情况下）。如果已经冒烟和出现焦糊味道，要准备好灭火器，由专人负责看管该区域有无异常情况直至落地。

火灾隐患处置成功后，也需要专人看守隐患位置。发生隐患应第一时间报告向乘务长、机长报告隐患的具体位置，以及控制和处置和情况。

考核评价

任务考核评价表 11 见表 3-12。

表 3-12　任务考核评价表 11

项目	评 分 标 准	小组自评	小组互评	教师评价	实际得分
仪容仪表	1. 穿着统一制服；女乘务员必须用发带盘发，不得有碎发；男乘务员头发前不过眉、侧不过耳、后不过颈；未佩戴饰品（手表、手链、耳环、项链等）；未染指甲，指甲干净（20分） 2. 穿着统一制服；女乘务员用发带盘发，有碎发；男乘务员头发前不过眉，两侧和后面稍长；未佩戴饰品（手表、手链、耳环、项链等）；未染指甲，指甲干净（15分） 3. 未穿制服；女乘务员盘发，有碎发；男乘务员头发过长，盖过眉毛、耳朵后和后颈；佩戴饰品；未染指甲，指甲干净（10分） 4. 未穿制服；女乘务员未盘发；佩戴饰品；指甲不干净（5分）				

（续）

项目	评 分 标 准	小组自评	小组互评	教师评价	实际得分
姿态微笑	1. 站姿、走姿、蹲姿规范；微笑自然；服务时的眼神交流亲切（20分） 2. 站姿、走姿、蹲姿较规范；微笑基本自然；服务时的眼神交流比较亲切（15分） 3. 站姿、走姿、蹲姿不规范；基本微笑；服务时的眼神交流不到位（10分） 4. 站姿、走姿、蹲姿不符合岗位标准；无微笑；没有眼神交流（5分）				
文明用语	1. 能正确应用岗位文明用语，声音柔和、语速适中（20分） 2. 能较准确地应用岗位文明用语，声音较柔和、语速适中（15分） 3. 基本能应用岗位文明用语，声音僵硬、语速稍慢或稍快（10分） 4. 不能应用岗位文明用语，语速太快或太慢、表达时出现错误（5分）				
服务内容	1. 灭火流程正确，熟练掌握灭火的程序和方法，正确使用灭火器，操作规范（20分） 2. 灭火流程正确，较为熟练地掌握灭火的程序和方法，正确使用灭火器，操作较规范（15分） 3. 灭火流程正确，基本掌握灭火的程序和方法，正确使用灭火器，操作基本规范（10分） 4. 灭火程序和方法掌握不好，正确使用灭火器，操作不规范（5分）				
小组配合	1. 组员配合好，乘务长组织有序，提醒、指导乘务员到位，号位划分得当（20分） 2. 组员配合较好，乘务长组织有序，能提醒和指导乘务员，号位划分不及时（15分） 3. 组员配合一般，乘务长组织有序，能提醒和指导乘务员，号位划分不及时（10分） 4. 组员配合不好，乘务长组织无序，提醒、指导乘务员不到位，号位划分不得当（5分）				

注：1. 每小组6人，分别扮演乘务长、区域乘务长和4名乘务员。各组需合作完成任务导入中的情景展示。
  2. 实际得分＝教师评价 ×40%＋小组互评 ×30%＋小组自评 ×30%。

练一练

1. 如果卫生间起火或响起烟雾报警，除了遵循"基本处置程序"外，乘务员应首先_____，确定_____。如果无人用卫生间，应_____，同时使用_____。如果卫生间门和四周舱壁是凉的，应小心地_____，为了压住火焰，也可以使用潮湿的毛毯打灭火苗。如果卫生间和四周舱壁是热的，用_____在_____，将灭火器_____，并释放_____。如果有烟雾从门四周溢出，应用_____。灭火成功后，应_____，并通知机长。

2. 如遇纸张、木材、纤维、橡胶、某些塑料等易燃物起火，应使用_____灭火器，防止余火复燃。如遇汽油、润滑油、油脂溶剂、油漆及正在燃烧的液体、食物、油类等易燃液体起火，应使用_____灭火器。如遇由于电气短路，或电气设备漏电，或发动机、开关、厨房电器设备等引起的火情，应首先切断电源，然后使用_____灭火器进行灭火。

任务八　客舱应急处理——迫降与紧急撤离

/学习目标/

1. 掌握有准备迫降和无准备迫降的区别。
2. 掌握防冲击姿势的动作要点。
3. 掌握跳滑梯的姿势。

任务导入

假设你是本次航班的乘务长，突然发生了紧急状况，机长通知要紧急撤离，请你组织乘务组做好紧急撤离的工作。

知识准备

一、迫降

从迫降的准备时间来分，可以分为计划紧急迫降（或有准备的迫降）和非计划紧急迫降（或无准备的迫降）两种。

计划紧急迫降是指飞机、机组及机场具有一定的时间（通常至少有 10 分钟的准备时间）完成必要的迫降前准备。在此期间内，乘务员进行客舱检查、帮助需要协助的乘客，并确认所有的准备工作已经完成。

非计划紧急迫降是指飞机和机组几乎没有准备时间，通常是突发性的事件。

从迫降的地点来分，迫降可能发生在陆地上，也可能在水上进行。水上迫降是指飞机在有控制的情况下，在水面上进行着陆，由于不是在陆地上，因此使用漂浮设施对水上迫降而言是至关重要的。

1. 计划紧急迫降

计划紧急迫降程序可参照表 3-13 进行客舱准备。

表 3-13　计划紧急迫降程序

序号	项目	工作内容	乘务长工作	乘务员工作
1	沟通与协调	机长和乘务长协调	完成	
		乘务长和乘务员协调	完成	完成
2	固定客舱/服务舱的松散物品	检查/固定好客舱松散物品	广播	完成
		固定好服务舱松散物品	广播	完成
3	向乘客说明	开灯、乘务长进行广播	完成	
		不准吸烟（如适用的话）	广播	检查

（续）

序号	项目	工作内容	乘务长工作	乘务员工作
3	向乘客说明	收回餐具（如使用的话）	广播	完成
		固定好座椅靠背和小桌板	广播	检查
		存放好行李	广播	检查
		取下尖锐物品	广播	检查
		脱下高跟鞋（陆地）/鞋子（水上）	广播	检查
		演示安全带的正确用法	广播	演示
		演示防冲击姿势	广播	演示
		演示救生衣使用方法（只对水上迫降）	广播	演示
		出口位置指示	广播	演示
		指示乘客阅读安全说明书	广播	演示
4	选择援助者并更换乘客座位	选择出口援助者	广播	完成
		安排乘客志愿援助者	广播	完成
5	做最后准备	重新检查客舱/服务舱	完成	完成
		关闭客舱灯光、打开应急灯	完成	
		通知机长	完成	
6	乘务员个人准备	乘务长广播	发布指令	
		穿上制服/机组救生衣	完成	完成
		取下尖锐物品、丝巾、领带、丝袜、脱下高跟鞋	完成	完成
		弄湿头发	完成	完成
		确认手电筒、应携带物品的位置	完成	完成
		就座，做防冲击准备	完成	完成
		回顾撤离分工	完成	完成

（1）沟通与协调。当机长紧急呼叫或广播呼叫乘务长到驾驶舱时，乘务长应带好笔、纸、手表进入驾驶舱，双方就以下内容进行协调：紧急情况的性质，准备时间的长短，防冲击命令由谁、以何种方式发出，特殊指示（如飞机的状态或天气情况）等。如果时间十分仓促，至少要就迫降类型和准备时间进行协调。

随后乘务长应立即与乘务员沟通，传达来自机长的信息，确定客舱准备（包括服务舱和乘客）的计划，指示乘务员参阅"客舱准备检查单"和使用"应急程序操作卡"，明确个人职责，安排准备工作。

（2）固定客舱/服务舱的松散物品。其内容包括检查行李是否存放妥当；检查座椅安全带是否在身体低位系紧；检查座椅靠背是否已调直；检查小桌板、座位上的多媒体设备与脚踏板是否已收起；固定餐车、用具箱、烤炉、烤格、烧水壶，并扣好锁扣；将散放在服务舱内的餐盒、饮料等整理到可封闭的储藏空间内等。

（3）向乘客说明。

1）开灯，乘务长进行广播。乘务长召开乘务员准备会后，打开所有客舱的灯光，并进行广播。中文内容如下：

女士们，先生们：

现在为乘务长广播，我们已决定采取陆地（水上）迫降。请乘客们回座位坐好，并保持安静，注意听从乘务员的指挥。

广播的同时，乘务员整理厨房，并帮助乘客存放行李。

2）收回餐具，此时应广播：

请将您的餐盘和所有其他服务用具准备好，以便乘务员收回。

广播结束后，乘务员应在客舱内强调并督促完成以上内容。

3）取下尖锐物品。尖锐物品可能会在迫降时的撞击中造成不必要的伤害，这些物品包括发夹、眼镜、耳环、义齿、项链、胸针、圆珠笔、手镯、手表、戒指、高跟鞋等。此外，其他物品，如领带、丝巾等，虽不是尖锐物品，但也可能会造成伤害，也应取下。

水上迫降时，所有乘客应脱下自己的鞋子，并由乘务员保管，待到达陆地后由乘务员返还。

此时的广播如下：

为了撤离时您的安全，请取下随身的尖锐物品，如钢笔、手表和首饰，并取下领带和围巾等物品。

4）演示防冲击姿势。乘务员各就各位，随着广播内容演示防冲击的姿势，如图3-37所示。广播如下：

现在，乘务员向您介绍两种防冲击的姿势。当您听到防冲击的指令时，请把两腿分开，两脚用力向下蹬地，双臂交叉，两手抓住前面的座椅靠背，额头放在双臂上。如果您无法抓到前面的座椅靠背或者前面没有座椅，请弯下腰，双手抓住两脚脚踝，把头埋在双膝。如果您抓不到脚踝，请改抱双膝。当您听到"低下头，全身紧迫用力"的口令时，请采取这种姿势，直到听见"解开安全带"的口令为止。在飞机着陆时，会有多次撞击，请保持防冲击姿势直到飞机完全停稳。现在我们开始练习。

乘务员重复："低下头，全身紧迫用力。"

乘务员重复："解开安全带。"

乘务员重复："请系好安全带。"

a)

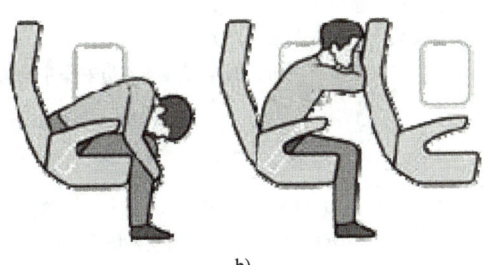
b)

图3-37 防冲击姿势

5）演示救生衣的使用方法。乘务员各就各位，使用救生衣进行演示。广播如下：

现在乘务员向您演示救生衣的使用方法，请从座位下取出救生衣，并随同乘务员的演示穿上救生衣，但在客舱内请不要充气。撕开包装，将救生衣经头部穿好，将带子扣好、系紧。当您离开飞机时，拉下救生衣两侧的红色充气把手，但在客舱内不要充气。充气不足时，可以将救生衣上部的人工充气管拉出，用嘴向里吹气。

6）出口位置指示。乘务员就在各自位置指示出口的位置，广播如下：

本架飞机的前（中、后）部都设有紧急出口，并标有紧急出口的明显标志。这个出口可能就在您的周围，请确认至少两个以上的出口。安装在地板上/靠近地板的应急灯会引导您到出口处，白色为撤离路径灯，红色为出口指示灯。撤离时不准携带任何物品。坐在左边的乘客，请从左边的门撤离，如果左边的门不能使用，请从右边的门撤离。

随后，乘务员可与几名靠近走道的乘客确认："请问您从哪边的门撤离？如果这个门不能使用，应从哪边的门撤离？"

7）指示乘客阅读安全说明书。乘务员提示乘客："在您前面的座椅口袋中有安全说明书，请仔细阅读。如果有疑问，请向邻座乘客询问。"

（4）选择援助者并更换乘客座位。援助者的选择对象应依次为机组人员、民航职工及有关人员（了解飞机结构的人员），军人、警察、消防员和执法人员（受过专业训练的人），医护人员或身体强壮的志愿者。

广播如下：

女士们，先生们：

请注意！如果您是航空公司的雇员、执法人员、消防员或军人，请与乘务员联系，我们需要您的协助。同时，根据机长的要求，我们将调整一些乘客的座位。

乘务员应为每个出口选择3名援助者，其中一名在机上帮助乘务员指挥撤离，另两名首先下机，并在机下协助其他乘客。援助者的分工和要求见表3-14。

表3-14 援助者的分工和要求

乘务员应向援助者说明对其的要求
1. 坐在原位直至飞机停稳
2. 面向客舱挡住乘客
3. 在乘务员不能打开舱门时，帮助打开
4. 观察机舱内外的情况（如是否起火、是否有烟雾、是否有障碍物、是否有水淹没舱门等）
5. 若某出口不能使用，重新指挥乘客去其他出口
6. 介绍出口滑梯及救生船的充气及断开方法
7. 如果乘务员受伤，将其带下飞机；介绍解开乘务员安全带的方法

援助者分工		
	翼上应急窗口—救生船	舱门—滑梯/救生船
机上援助者（1名）	1. 判断情况，打开出口 2. 协助抛放救生船，确定系留绳与机体连接，拖拽救生船使之充气 3. 站在应急窗外的机翼上，协助乘客撤出，并让乘客给救生衣充气	1. 在舱门处协助乘务员指挥撤离 2. 帮助乘客给救生衣充气，避开尖锐物品

(续)

援助者分工		
	翼上应急窗口—救生船	舱门—滑梯/救生船
机下援助者（2名）	陆地： 1. 站在机翼下，搀扶从上面滑下的乘客 2. 让乘客远离飞机 水上： 1. 协助抛放救生船，将逃生绳连接于机翼 2. 上船，并协助乘客登船 3. 让乘客在船内分布均匀地坐下	陆地： 1. 滑下飞机，在机下帮助滑下来的乘客 2. 让乘客远离飞机 水上： 1. 先上救生船，爬至船头，相对飞机坐下 2. 坐在船头，招呼乘客靠近，安排乘客在船舷交替坐下
所有援助者	1. 在远离飞机的安全地带大声招呼乘客向援助者靠拢（陆地） 2. 在乘客撤离后，割断系留绳（水上） 3. 照顾受伤的乘客，制止乘客吸烟或返回机舱	

在对援助者说明要求和分工之后，乘务员应确认其已明确任务，必要时调整他们的防冲击姿势和座位。

（5）做最后准备。重新检查客舱和服务舱，关闭客舱灯光，打开应急灯。此时，客舱灯光将关闭，广播如下：

"女士们，先生们！请注意：我们将关闭客舱灯光。"

（6）乘务员个人准备。乘务长广播：

"全体乘务员做好最后准备。"

2. 非计划紧急迫降

由于没有时间对无准备的迫降事件做客舱准备，乘务员必须事先做好充分的准备，如起飞前的设备检查、对乘客进行安全简介、起飞和落地前的安全检查、静默30秒复查，都是用于防范非计划紧急迫降事件的重要措施。

非计划紧急迫降的主要程序就是防冲击，即在飞机撞击地面时，采取防冲击姿势；在整个撞击期间，直到飞机完全停下来为止，应向乘客下达"低下头！全身紧迫用力！"的指令；保持防冲击姿势，直到飞机停稳后应立即打开应急灯和舱门并组织撤离。

二、紧急撤离

1. 做出撤离决定

撤离也分为计划紧急撤离和非计划紧急撤离。计划紧急撤离是指在飞机着陆前，机长必须与乘务组完成要求的撤离准备。非计划紧急撤离是指在任何需要立即撤离飞机的非正常情况下，当飞机着陆停稳后机长迅速通知乘务组执行紧急撤离。

在飞机出现非正常情况，如发生火灾、产生烟雾燃油渗漏、机体严重损坏等危及人员安全的情况，必须执行紧急撤离时，机长应宣布紧急撤离。同时，飞机应具备以下紧急撤离能力。

（1）飞机在载客飞行时，以及在地面滑行、起飞和着陆的过程中，紧急撤离滑梯必须处于预位状态。

（2）飞机在地面停放（非移动）期间，至少保持一个出口处于打开位，以有效地使乘客使用正常或紧急手段撤离飞机。

撤离决定和指令通常应由驾驶舱发出。若没有来自驾驶舱的指令，乘务长/前舱乘务员应立即解开安全带，联络驾驶舱，询问是否需要紧急撤离。若乘务员在飞机停稳后的 30 秒内未接获任何指令，只有在以下严重的情况下，才可以发起紧急撤离：

1）严重的结构性损伤，如机体破损。
2）火势较大或烟雾过浓。
3）水上迫降。
4）发动机周围漏油。

2. 选择有效出口

乘务员应能够根据当时的环境、机长指令以及紧急着陆的机身姿态，选择可用和有效的紧急出口。例如，在前轮折断的情况下，应考虑后机舱距离地面的高度和滑梯的可用长度；相反地，如机尾触地，则应考虑前机舱门距离地面的高度和滑梯的可用长度；在前轮和主轮折断的情况下，翼上应急窗口就不能使用，因为发动机触地可能引起火灾；同样地，如果飞机主轮一侧折断，接近地面一侧的翼上应急窗口就不能使用；如果是水上迫降，那就要看飞机触水后的状态，即以舱门距水面的高度和飞机的浸水情况来确定有效出口。

3. 组织撤离

撤离时间是指从机长发布撤离指令至机上人员全部撤离为止。这段时间是十分有限的，陆地撤离时间一般为 90 秒，水上撤离时间稍长，从撤离开始到飞机沉没为止，可达 10 分钟。因此，整个撤离过程应该是十分迅速且有序的。撤离时，应由主任乘务长/乘务长负责客舱指挥，另有一名乘务员应先下飞机，负责地面（水上）指挥。

（1）打开舱门。乘务员打开舱门后应迅速拉动人工充气手柄，并握住门旁的辅助手柄，双臂封门。

（2）指挥撤离。乘务员判断滑梯/救生船充气完成后，站在辅助空间内迅速指挥乘客撤离。如乘务员所负责的舱门或出口不能使用，应明确通告乘客此门不通，并迅速指挥乘客使用其他就近出口撤离。

（3）跳滑梯。陆地撤离时，应指挥乘客一个接一个地跳、坐；水上撤离时，应提醒乘客在进入救生船或入水前将救生衣充气。跳滑梯时，一般乘客（包括儿童、老人、孕妇）应采用的姿势是：双臂平举，双手拇指朝里轻轻握紧或双手交叉抱臂，从舱门跳出。跳落滑梯时应保持手臂姿势不变，双腿并拢，脚后跟紧贴滑梯表面，弯腰、收腹直至从滑梯上滑下并逃离飞机；抱婴儿的乘客应将婴儿抱在怀中，保持坐姿直至从滑梯上滑下并逃离飞机。残障乘客可根据自身情况或在援助者协助下采用"坐滑"方式撤离。

（4）选择安全地带。乘客撤离飞机后，乘务员应帮助并指挥乘客选择安全地带逃离。陆地撤离时，应选择上风侧方向逃离，并远离飞机至少 100 米以上，如果可能发生爆炸，应远离飞机至少 400 米；水上撤离时，应选择下风侧方向逃离，并尽可能远离飞机和燃油泄漏区域，但应保持在可目视飞机沉没的区域。

4. 机组撤离飞机

根据操作规范，先下飞机的乘务员应在地面协助乘客撤离，并指挥乘客远离飞机。乘务员应确保所负责区域的乘客已完全撤出,再从就近的出口撤离。乘务长应协同机长对整个客舱做由前至后的检查,并从后舱就近的出口撤离。全体乘务员撤离时应带上乘客舱单、急救药箱、信标机、麦克风、手电筒和乘务员手册,并尽可能多地带上各种必要设备、饮料、食品、毛毯等(水上撤离时应带上收集的鞋子)。撤离必须迅速,因为飞机随时可能起火并爆炸。一旦撤离飞机,就不要马上再次进入飞机。

5. 撤离后

(1)在地面撤离后,乘务员与乘客应迅速远离飞机至少100米,以便搜救队更容易发现幸存者。若乘务员需要返回飞机,应待发动机完全冷却,渗出的油类挥发后方可返回飞机。在等待救援时,乘务员需要做的是:

1)提供必要的急救,识别并优先处理严重受伤者。

2)归还乘客的鞋子;清点幸存者,可将幸存者分成几个组,带领他们行动并保持平静;各组领队必须清楚有多少组员,每个组员都必须被指定工作,建立互助机制;应准备好充分的救援用信号器具。如果可以安全返回机舱,可取出机上的有用物品,如应急设备、食品和水,把滑梯卸下来作为掩体,试着用机载无线电发布求救信号。必要时,可设一名警卫,看护包裹或使飞机不受干扰。乘务员应牢记,求生时不要盲目行事,要注意保存体能。

(2)在水上撤离飞机后,应做到:

1)立即割断系留绳,将救生船与机体完全断开。

2)在水中,为保存体力应使用蛙泳方式;漂浮时,应仰面,用手臂慢慢划水。救生船距离飞机不应过远,如附近有其他救生船,应以7~8米为间隔将船连在一起。机组成员应尽力搜寻落水者,正确清点人数,保证所有人都已上船。如可能,机组成员应均匀分到每艘船上负责指挥、清理船内积水、堵塞漏洞、固定好所有物品、支好天棚。小刀、舀水桶等小物件应系在船上。充气柱内的空气应保证充足但不要过多,白天气温较高时,放掉一些气,夜里冷时再充些气。不要把小刀、渔具、罐头拉环及各种尖锐物品扔在船舱地板上,不要用鞋去蹭船底或充气柱体。确保船上的每个人都已穿好了救生衣,并充好了气。乘客应均匀地分布在船内,而不能坐在船舷上。在船内需移动位置时,应先告诉周围的乘客。当发现有飞机时,应将船互相拉近,使天棚的颜色更易被识别;如有大浪则不能这么做,否则会使船颠覆。乘务员收集的鞋子应在到达陆地后还给乘客。

▶ 任务实施

第一步:宣布紧急状况时,应答机编码应调到7700,并使用甚高频(Very High Frequency,VHF)或中位频率(Middle Frequency,MF)拍发或通报紧急状态,内容包括航班号、飞机位置、飞行高度、紧急情况的性质以及正在采取的或准备采取的行动措施。

第二步:及时通知乘务长,指示应简单扼要、清楚准确,明确各阶段的联络内容和指令。

第三步:广播通知乘客紧急撤离的决定,简明扼要地说明紧急状况和紧急撤离的安全意义,并要求乘客听从乘务员的指挥,协助乘务员做好紧急撤离前的准备工作。

第四步:不在座位上的其他机组成员到客舱去协助乘务员做好迫降前的准备工作。

第五步：乘务长召集乘务员传达机长的迫降决定。

第六步：乘务长代表机长继续广播。

第七步：寻找援助者，调整乘客座位。

第八步：进行安全检查，关闭娱乐系统。

第九步：介绍出口位置和撤离路线。

第十步：取下尖锐物品，领带、丝巾等也应取下。

第十一步：介绍防冲击姿势。

第十二步：演示水上迫降时救生衣的使用方法。

第十三步：检查、固定设备，清理出口和通道。

第十四步：确认客舱准备完毕，报告机长。

第十五步：当机组完成"迫降准备检查单"时，驾驶舱向客舱广播："飞机还有……英尺（1英尺约为0.30米）着陆/着水"。机长向乘务长了解客舱的准备情况，乘务长向机长报告客舱的最后准备情况。

第十六步：当飞机下降到距离地面/水面500英尺（约152米）时，驾驶舱向客舱广播："飞机还有500英尺着陆/着水，做好防冲撞准备。"

第十七步：当飞机下降到距离地面/水面50~100英尺（15.2~30.5米）时，驾驶舱向客舱广播："飞机还有50英尺着陆/着水，冲撞开始！冲撞开始！"

第十八步：当飞机完全停稳后，机长宣布："我是机长，现在开始撤离！撤离！撤离！"或"This is captain speaking！Evacuate! Evacuate! Evacuate!"

第十九步：水上迫降后，机长宣布撤离指令并离开驾驶舱，穿好救生衣。

第二十步：机长带手电筒到客舱指挥乘客撤离。

第二十一步：当乘客撤离完毕后，各区域乘务员清舱；清舱完毕后，应报告乘务长；在其他区域无须帮助后应立即撤离。

第二十二步：值班乘务长负责客舱的最后清舱检查。陆地撤离时，在飞机最后的舱门撤离；水上撤离时，在R1门撤离。

第二十三步：机长负责客舱的最后检查，并最后一个离开飞机。陆地撤离时，在飞机最后的舱门撤离；水上撤离时，在R1门撤离。

考核评价

任务考核评价表12见表3-15。

航空逃生

表3-15 任务考核评价表12

项目	评分标准	小组自评	小组互评	教师评价	实际得分
仪容仪表	1. 穿着统一制服；女乘务员必须用发带盘发，不得有碎发；男乘务员头发前不过眉、侧不过耳、后不过颈；未佩戴饰品（手表、手链、耳环、项链等）；未染指甲，指甲干净（20分）				
	2. 穿着统一制服；女乘务员用发带盘发，有碎发；男乘务员头发前不过眉，两侧和后面稍长；未佩戴饰品（手表、手链、耳环、项链等）；未染指甲，指甲干净（15分）				

（续）

项目	评分标准	小组自评	小组互评	教师评价	实际得分
仪容仪表	3. 未穿制服；女乘务员盘发，有碎发；男乘务员头发过长，盖过眉毛、耳朵后和后颈；佩戴饰品；未染指甲，指甲干净（10分） 4. 未穿制服；女乘务员未盘发；佩戴饰品；指甲不干净（5分）				
姿态微笑	1. 站姿、走姿、蹲姿规范；微笑自然；服务时的眼神交流亲切（20分） 2. 站姿、走姿、蹲姿较规范；微笑基本自然；服务时的眼神交流比较亲切（15分） 3. 站姿、走姿、蹲姿不规范；基本微笑；服务时的眼神交流不到位（10分） 4. 站姿、走姿、蹲姿不符合岗位标准；无微笑；没有眼神交流（5分）				
文明用语	1. 能正确应用岗位文明用语，声音柔和、语速适中（20分） 2. 能较准确地应用岗位文明用语，声音较柔和、语速适中（15分） 3. 基本能应用岗位文明用语，声音僵硬、语速稍慢或稍快（10分） 4. 不能应用岗位文明用语，语速太快或太慢、表达时出现错误（5分）				
服务内容	1. 迫降时的流程正确，与机长沟通及时，防冲击姿势规范，组织乘客撤离有序，撤离时物品带得齐全（20分） 2. 迫降时的流程正确，与机长沟通较及时，防冲击姿势较规范，组织乘客撤离有序，撤离时物品带得齐全（15分） 3. 迫降时的流程正确，与机长沟通不及时，防冲击姿势不规范，组织乘客撤离有序，撤离时物品带得齐全（10分） 4. 迫降时的流程不正确，与机长沟通不及时，防冲击姿势不规范，组织乘客撤离无序，撤离时物品带得不齐全，机组人员完全撤离时，机上有乘客（5分）				
小组配合	1. 组员配合好，乘务长组织有序，提醒和指导乘务员到位，号位划分得当（20分） 2. 组员配合较好，乘务长组织有序，能提醒和指导乘务员，号位划分不及时（15分） 3. 组员配合一般，乘务长组织有序，能提醒和指导乘务员，号位划分不及时（10分） 4. 组员配合不好，乘务长组织无序，提醒、指导乘务员不到位，号位划分不得当（5分）				

注：1. 每小组6人，分别扮演乘务长、区域乘务长和4名乘务员。各组需合作完成任务导入中的情景展示。

2. 实际得分＝教师评价×40%＋小组互评×30%＋小组自评×30%。

练一练

1. 从迫降的准备时间来分，可以分为＿＿＿＿和＿＿＿＿＿＿两种。从迫降的地点来分，迫降可能发生在＿＿＿＿＿，也可能在＿＿＿＿＿＿＿进行。

2. 在进行迫降准备时，固定客舱／服务舱的松散物品的内容包括检查：行李是否＿＿＿＿＿；检查座椅安全带是否＿＿＿＿＿＿；检查座椅靠背是否＿＿＿＿＿＿；检查小桌板、座位上的多媒体设备与脚踏板是否＿＿＿＿＿＿；固定＿＿＿＿＿＿、用具箱、烤炉、烤格、烧水壶，并扣

好 _____；将散放在服务舱内的餐盒、饮料等整理到 _____ 内等。

3. 在迫降时撞击中可能会造成不必要伤害的物品包括：
   A. 发卡   B. 眼镜   C. 耳环   D. 义齿   E. 隐形眼镜   F. 项链   G. 胸针
   H. 圆珠笔   I. 手镯   J. 手表   K. 戒指   L. 高跟鞋   M. 棉衣   N. 领带
   O. 丝巾   P. 丝袜   Q. 钱包

4. 水上迫降时，所有乘客应脱下 _____，并交由乘务员保管。待 _____ 后由乘务员返还。

5. 援助者的选择对象应依次为 _____、_____ 及 _____，_____、_____、_____ 和 _____，_____ 或 _____。乘务员应为每个出口选择 _____ 名援助者，其中 _____ 名在机上帮助乘务员指挥撤离，另 _____ 名首先下机，并在机下协助其他乘客。

6. 在飞机出现非正常情况，如 _____、_____、_____、机体严重损坏等危及人员安全的其他情况，必须执行紧急撤离时，机长应宣布紧急撤离。

7. 飞机应具备以下紧急撤离能力，即：
   （1）飞机在载客飞行时，以及在地面滑行、起飞和着陆的过程中，_____ 必须预位。
   （2）飞机在地面停放（非移动）期间，至少保持一个 _____ 处于打开位，以有效地使乘客使用正常或紧急手段撤离飞机。

8. 撤离决定和指令通常应由 _____ 发出。

任务九　客舱应急处理——释压处置

/学习目标/

1. 掌握客舱释压的种类。
2. 掌握客舱释压时对乘客的处理。
3. 掌握客舱释压时，乘务员如何自我保护。
4. 客舱释压后，能够指导乘客戴好氧气面罩。

▶ **任务导入**

假如你是本次航班的乘务长，飞机飞行到了 14 000 英尺（约 4 267 米）以上，客舱内处于释压的状态，客舱里的氧气面罩全部脱落，请你组织乘务组，帮助乘客戴好氧气面罩并系好安全带。

▶ **知识准备**

一、释压类型

机舱释压可分为缓慢释压和急速释压两种类型。

1. 缓慢释压

缓慢释压指的是逐渐失去客舱压力。它可能是因舱门或应急窗的密封泄露或增压系统发生故障而引起的。缓慢释压可能产生的现象有：

（1）在舱门或窗口周围有光线进入。

（2）有呼啸声。

（3）机上人员发困和感到疲劳。

（4）耳朵不舒服。

（5）氧气面罩脱落（客舱可能会因氧气发生装置工作而变暖，并伴有焦糊味），如图 3-38 所示。

2. 急速释压

急速释压是指迅速失去客舱压力，通常是指在一分钟内发生的释压。急速释压产生的原因可能是金属疲劳、炸弹爆炸或武器射击而引起的密封破裂。在极端情况下，如飞机上的释压过程是在 5 秒钟内发生的，可以把急速释压归类为爆炸性释压。

图 3-38　氧气面罩脱落

它的迹象表现为：

（1）有巨大的响声。

（2）冷空气涌入客舱，产生薄雾或水汽凝结现象（卫生间内的烟雾探测器可能会误认为火警，乘务员不必理会）。

（3）物体在舱内飘飞，可能出现灰尘。

（4）物品被吸向洞口。

（5）飞机结构突然损坏，并产生强烈震动。

（6）飞机急速下降。

（7）耳朵不舒服。

（8）氧气面罩脱落（客舱可能因氧气发生装置的工作而变暖，并伴有焦糊味）。

二、对释压的处置

1. 飞行人员对释压做出的直接处置

（1）戴上氧气面罩。

（2）迅速下降飞行高度——通常是陡直下降到大约 10 000 英尺（约 3 000 米）的高度。

（3）打开禁止吸烟和系好安全带的指示灯。

2. 乘务员对释压的直接反应

（1）迅速戴上最近的氧气面罩。

（2）坐下来，系上安全带。如果没有空座位，可蹲在客舱地上，握住座椅扶手。在所在的位置固定住自己。

（3）（在戴上氧气面罩的情况下）用手势指示乘客，并要求乘客遵照执行。

（4）劝告乘客"请勿吸烟""系好安全带"。

（5）指示乘客摘下眼镜，指示已戴好氧气面罩的成年乘客协助儿童戴上氧气面罩。

3. 释压后的客舱检查

在听到机长宣布"飞机到达安全高度"后，乘务员应首先考虑自己是否还需要氧气，再携带便携式氧气瓶对客舱进行检查。

（1）对失去知觉的乘客和儿童进行急救护理，然后照顾其他受伤的乘客或机组人员。

（2）用便携式氧气瓶为缺氧乘客供氧。

（3）如机身破损，应重新调整乘客座位，使其离开危险区域，同时报告乘务长/机长。

（4）确认卫生间内无乘客。

（5）帮助乘客消除恐慌情绪。

（6）提醒乘客不要将氧气面罩重新放乘客服务单元内，应放于座椅前面的口袋内（化学氧气发生器作用时会产生高热，如放回乘客服务单元易被烫伤）。需注意的是，在飞机到达安全高度前或释压警告解除前，所有人员应停止客舱内的一切活动。有知觉的乘客在吸氧时应采取直座式，没有知觉的乘客在吸氧时应采取仰靠式。供氧期间，灭火设备应处于待用状态，防止意外明火引发火情。

三、释压的影响

1. 缺氧

缺氧可引起人们一系列的不良反应（见表3-16）。通常体质越差，反应越明显。

表3-16 缺氧引起的不良反应

飞行高度	不良反应
10 000英尺（约3 000米）	头痛、疲劳
14 000英尺（约4 200米）	发困、头痛、视力减弱、肌肉酸痛、指甲发紫、眩晕
18 000英尺（约5 500米）	除了上述症状外，还会记忆力减退、重复同一动作
22 000英尺（约6 700米）	惊厥、虚脱、昏迷、休克
28 000英尺（约8 500米）	5分钟之内立即出现虚脱、昏迷

2. 失去知觉

一个人具有知觉的时间，即不戴氧气面罩的情况下可以具有知觉的时间见表3-17。

表3-17 不戴氧气面罩情况下具有知觉的时间

飞行高度	不戴氧气面罩仍具有知觉的时间
15 000英尺（约4 500米）	30分钟以上
22 000英尺（约6 700米）	5～10分钟
25 000英尺（约7 500米）	3～5分钟

（续）

飞 行 高 度	不戴氧气面罩仍具有知觉的时间
30 000 英尺（约 9 000 米）	1 ~ 2 分钟
35 000 英尺（约 10 500 米）	30 ~ 50 秒
40 000 英尺（约 12 000 米）	约 18 秒
45 000 英尺（约 13 500 米）	约 15 秒

四、乘务员在氧气面罩脱落后的任务实施

第一步：通知乘客系好安全带，迅速戴上就近的氧气面罩。

第二步：坐在就近的座位上系好安全带，如果没有空座位，应抓住就近的、结实的物体固定住自己。

第三步：指示乘客并示意乘客戴好氧气面罩。

第四步：指示乘客摘下眼镜。

第五步：指示成年人戴好氧气面罩后，再帮助未成年人或残障乘客戴上氧气面罩。

第六步：禁止乘客吸烟。

飞机下降到安全高度（10 000 英尺，约 3 000 米）时，当机长宣布可以在客舱走动后，乘务长应立即指挥乘务员，携带手提式氧气瓶到客舱内进行检查，救助受伤的乘客。

五、乘务员救助受伤乘客的任务实施

第一步：检查乘客的用氧情况，应首先护理和急救失去知觉的乘客、儿童。

第二步：为缺氧的乘客提供手提式氧气瓶。

第三步：如果发现飞机上有裂口，应重新安排乘客座位，使其离开危险区域。

第四步：检查卫生间内有无乘客。

第五步：检查客舱内有无火源。

第六步：对受伤的乘客或机组成员给予急救。

第七步：指挥乘客把用过的氧气面罩放在座椅前面的口袋内。

六、处理客舱释压时应遵循的原则

（1）氧气面罩的佩戴顺序：乘务员、成年人、未成年人乘客，也可同时进行。

（2）在释压状态未被解除之前，所有人都应停止活动。

（3）为有知觉的乘客提供氧气时，使其保持直立位；为没有知觉的乘客提供氧气时，使其采取仰靠位。

（4）由于氧气的供应，应准备好灭火设备，防止意外明火引发火灾。

（5）是否需要紧急着陆或撤离，取决于飞机的状况和机长的决定。

（6）整个释压过程、乘客及客舱情况要及时向机长通报。

考核评价

任务考核评价表 13 见表 3-18。

表 3-18　任务考核评价表 13

项目	评 分 标 准	小组自评	小组互评	教师评价	实际得分
仪容仪表	1. 穿着统一制服；女乘务员必须用发带盘发，不得有碎发；男乘务员头发前不过眉、侧不过耳、后不过颈；未佩戴饰品（手表、手链、耳环、项链等）；未染指甲，指甲干净（20 分） 2. 穿着统一制服；女乘务员用发带盘发，有碎发；男乘务员头发前不过眉，两侧和后面稍长；未佩戴饰品（手表、手链、耳环、项链等）；未染指甲，指甲干净（15 分） 3. 未穿制服；女乘务员盘发，有碎发；男乘务员头发过长，盖过眉毛、耳朵后和后颈；佩戴饰品；未染指甲，指甲干净（10 分） 4. 未穿制服；女乘务员未盘发；佩戴饰品；指甲不干净（5 分）				
姿态微笑	1. 站姿、走姿、蹲姿规范；微笑自然；服务时的眼神交流亲切（20 分） 2. 站姿、走姿、蹲姿较规范；微笑基本自然；服务时的眼神交流比较亲切（15 分） 3. 站姿、走姿、蹲姿不规范；基本微笑；服务时的眼神交流不到位（10 分） 4. 站姿、走姿、蹲姿不符合岗位标准；无微笑；没有眼神交流（5 分）				
文明用语	1. 能正确应用岗位文明用语，声音柔和、语速适中（20 分） 2. 能较准确地应用岗位文明用语，声音较柔和、语速适中（15 分） 3. 基本能应用岗位文明用语，声音僵硬、语速稍慢或稍快（10 分） 4. 不能应用岗位文明用语，语速太快或太慢、表达时出现错误（5 分）				
服务内容	1. 操作流程正确，自我保护意识强；组织乘客有序，帮助乘客及时，动作规范，对失去知觉的乘客救助及时，动作规范（20 分） 2. 操作流程正确，自我保护意识较强；组织乘客较有序，帮助乘客较及时，动作较规范，对失去知觉的乘客救助较及时，动作较规范（15 分） 3. 操作流程正确，自我保护意识不强；组织乘客无序，帮助乘客及时，动作不规范，对失去知觉的乘客救助及时，动作不规范（10 分） 4. 操作流程不正确，自我保护意识不强；组织乘客无序，帮助乘客不及时，动作不规范，对失去知觉的乘客救助不及时，动作不规范（5 分）				
小组配合	1. 组员配合好，乘务长组织有序，提醒和指导乘务员到位，号位划分得当（20 分） 2. 组员配合较好，乘务长组织有序，能提醒和指导乘务员，号位划分不及时（15 分） 3. 组员配合一般，乘务长组织有序，能提醒和指导乘务员，号位划分不及时（10 分） 4. 组员配合不好，乘务长组织无序，提醒、指导乘务员不到位，号位划分不得当（5 分）				

注：1. 每小组 6 人，分别扮演乘务长、区域乘务长和 4 名乘务员。各组需合作完成任务导入中的情景展示。
　　2. 实际得分 = 教师评价 × 40% + 小组互评 × 30% + 小组自评 × 30%。

练一练

一、填空题

1. 机舱释压可分为 _____ 和 _____ 两种类型。

2. 如遇释压，乘务员应首先 _____，在 _____ 的情况下用手势指示乘客，并让乘客遵照执行。

3. 释压后听到机长宣布"飞机到达安全高度"后，乘务员首先考虑 _____，再携带 _____ 对客舱进行检查。提醒乘客不要将氧气面罩重新放回乘客服务单元内，应放于 _____。

4. 有知觉的乘客在吸氧时应采取 _____ 式，没有知觉的乘客在吸氧时应采取 _____ 式。

二、选择题

如果发生缓慢释压，可能发生的现象为 _____。

A. 在舱门或窗口周围有光线进入
B. 出现气流声、薄雾或水汽凝结
C. 物体在舱内飘飞，可能出现灰尘
D. 耳朵不舒服
E. 机上人员发困和感到疲劳
F. 氧气面罩脱落（客舱可能因氧气发生装置工作而变暖，并伴有焦煳味）
G. 有呼啸声
H. 冷空气涌入客舱，客舱内温度下降
I. 有巨大的响声

项目四　飞行结束

任务　飞行结束后管理

/学习目标/

1. 掌握飞机落地后乘务员的工作流程。
2. 能够解除滑梯预位，并能够正确开启舱门。
3. 掌握送客中乘务员的位置及送客时的站姿、行礼、问候语。
4. 能够按照正确步骤清舱。
5. 能够开总结会进行讲评。

任务导入

假设你是本次航班的乘务长。飞机已经着陆了，正处于滑行阶段，请你组织好乘务员，按照服务流程进行飞机落地后的工作。

知识准备

一、落地广播

飞机落地后滑行时，乘务员将灯光调至高亮度。乘务员应维持好客舱秩序，提醒并控制乘客不要站起来。广播如下：

女士们，先生们：

飞机还没停稳，请您在座位上坐好，在"系好安全带"指示灯熄灭之前，请不要离开自己的座位。谢谢您的合作！

女士们，先生们：

我们现在已经到达 _____ 机场。外面温度为 _____ 摄氏度，_____ 华氏度。

飞机还将继续滑行，请您在座位上坐好，请等"系好安全带"指示灯熄灭后再站起来，以免行李架内物品跌落。

下机前，请查看您的座椅周围及行李架内是否有遗落的物品，您的托运行李请到候机楼行李提取处领取。

需要转机的乘客，请您到候机楼内的转机柜台办理手续。

女士们、先生们，对于您在旅途中给予我们的协助，我代表机组人员向您表示衷心的感谢，并期待您再次乘坐_____班机。

祝您身体健康，下次旅行再见。谢谢！

二、操作分离器

飞机停稳后，负责舱门的乘务员在各自负责的舱门及紧急出口按乘务长的指令解除滑梯预位。

三、开启舱门

解除滑梯预位后，乘务员互相确认，交叉检查后通过广播器报告乘务长。当登机桥（梯）停稳，地面工作人员给予开门手势后，乘务员方可打开舱门，检查并与地面人员确认客梯／自备梯是否停靠稳妥，再请乘客下机。如果是国际或地区航班，乘务长应向边防（移民局）、海关和检疫人员递交总申报单和乘客名单，得到允许后，方可安排乘客下机。

四、送客

乘客下机时，乘务员应在规定位置站立送客。此时，乘务员都应该着装整齐、站姿端正、热情礼貌地送别乘客下机。此时的行礼角度为15°～30°，问候语可以是"感谢您乘坐本次航班，谢谢"（如图4-1所示）。如果遇有转机航班的乘客，乘务员应尽力协助，并向乘客提供与转机航班相关的建议和指导；转机乘客下机时，乘务员应与地面工作人员联系，通告有关乘客的转机事宜。

图4-1　送客

五、清舱

航班结束后（包括联程航班中途站乘客下飞机后），乘务员应进行客舱检查（清舱）。清舱范围包括行李架、座椅周围、厨房、洗手间、衣帽间、地板、储物柜和机组休息区。清舱过程中，如发现可疑物品，应立即通知主任乘务长；如果发现乘客的遗留物品，应交还本人或遗留物品查询处，交接时应有书面手续。

六、供应品交接

飞机落地且乘务组回到始发机场后，乘务长应当面和供应品回收人员清点、确认、交接供应品和服务用品，并由回收人员签字。

七、中途站准备

中途站乘客不下飞机时，乘务长应与地面人员核对人数，执行中途过站程序。此外，乘务员对乘客托管的物品应全程负责，在中途站应避免地面人员误拿，以免丢失。在中途站，乘务长要了解该站上机的乘客人数和身份，并做好相应的准备工作。待中途站的清洁工搞好卫生后，客舱乘务员应立即检查客舱和卫生间的卫生情况，补充卫生间内所需的卫生用品，并做好下段航程的服务准备工作。

八、飞行后讲评

飞行后讲评是乘务工作的结束阶段，也是对整个航班进行总结，并力求提高服务水平的重要过程。飞行后，乘务员应参加由主任乘务长/乘务长召开主持的乘务组讲评会，对航班中的问题进行讲评、总结，其内容包括：

1. 听取机组意见

飞机下降前，主任乘务长应听取机组对本次航班的意见。

2. 飞行后乘务长讲评

（1）方式　乘务长综合讲评、检查员点评和乘务员自我讲评等。

（2）内容　工作差错、典范事例、特殊乘客服务、应急突发事件的处置、乘客意见反馈及改进乘务工作的建议、机组意见反馈等。

九、乘务长填写乘务日志

乘务长在航后要听取乘务员的建议、意见，填写乘务日志，并将乘务日志投递在乘务值班专箱内。如有重大情况，须填写重大事件报告单，并报告当日的值班领导。

▶ 任务实施

第一步：分离器操作（解除滑梯预位）
（1）将滑梯杆从地板支架上取下（见图4-2）。
（2）将滑梯杆挂在舱门挂钩上（见图4-3）。

解除滑梯预位

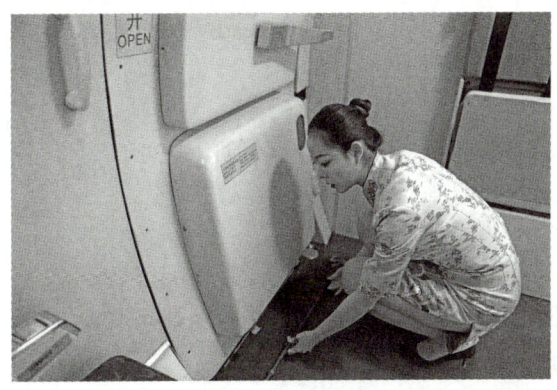

图 4-2　取下滑梯杆

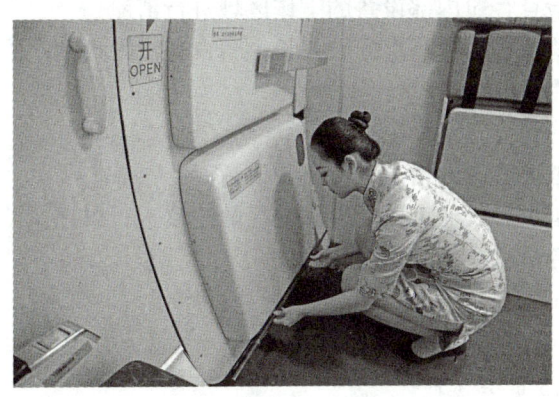

图 4-3　将滑梯杆挂在舱门挂钩上

（3）将滑梯预位标准带平放在舱门观察窗的上方。

第二步：开启舱门

（1）正常情况下，内部打开舱门的任务实施

1）确认滑梯杆在舱门挂钩上（解除滑梯预位）。

2）确认舱门外无障碍物。

3）反方向旋转舱门手柄180°（逆时针旋转舱门手柄）。

4）将舱门向外推至与机身平行，直至被阵风锁锁住，如图4-4所示。

开启舱门

图 4-4　开启舱门

（2）非正常情况下，内部打开舱门的任务实施
1）观察视景窗，看外面的情况。
2）确认滑梯杆在地板支架上（预位状态）。
3）反方向旋转舱门手柄180°（逆时针旋转舱门手柄）。
4）将舱门向外推至与机身平行，直至被阵风锁锁住。

第三步：送客
（1）各号位乘务员站在指定位置，整理好仪表、端正站姿。
（2）乘务长播放下机音乐、打开客舱灯光并调至高亮度。
（3）边鞠躬边致谢。

第四步：清舱
（1）乘务员按照检查客舱内部设备的工作区域进行清舱。
（2）若发现乘客遗留物品应马上向乘务长报告，若没发现则向乘务长报告清舱完毕。

第五步：飞行后讲评
（1）下飞机后，回到会议室开总结会。
（2）乘务员根据本次航班的情况进行自我讲评。
（3）乘务长根据本次航班的工作情况和乘客的建议进行讲评。
（4）乘务长对乘务员以后的工作提出建议。

考核评价

任务考核评价表 14 见表 4-1。

表 4-1　任务考核评价表 14

项目	评 分 标 准	小组自评	小组互评	教师评价	实际得分
仪容仪表	1. 穿着统一制服；女乘务员必须用发带盘发，不得有碎发；男乘务员头发前不过眉、侧不过耳、后不过颈；未佩戴饰品（手表、手链、耳环、项链等）；未染指甲，指甲干净（20分） 2. 穿着统一制服；女乘务员用发带盘发，有碎发；男乘务员头发前不过眉，两侧和后面稍长；未佩戴饰品（手表、手链、耳环、项链等）；未染指甲，指甲干净（15分） 3. 未穿制服；女乘务员盘发，有碎发；男乘务员头发过长，盖过眉毛、耳朵后和后颈；佩戴饰品；未染指甲，指甲干净（10分） 4. 未穿制服；女乘务员未盘发，佩戴饰品；指甲不干净（5分）				
姿态微笑	1. 站姿、走姿、蹲姿规范；微笑自然；服务时的眼神交流亲切（20分） 2. 站姿、走姿、蹲姿较规范；微笑基本自然；服务时的眼神交流比较亲切（15分） 3. 站姿、走姿、蹲姿不规范；基本微笑；服务时的眼神交流不到位（10分） 4. 站姿、走姿、蹲姿不符合岗位标准；无微笑；没有眼神交流（5分）				
文明用语	1. 能正确应用岗位文明用语，声音柔和、语速适中（20分） 2. 能较准确地应用岗位文明用语，声音较柔和、语速适中（15分） 3. 基本能应用岗位文明用语，声音僵硬、语速稍慢或稍快（10分） 4. 不能应用岗位文明用语，语速太快或太慢、表达时出现错误（5分）				

（续）

项目	评 分 标 准	小组自评	小组互评	教师评价	实际得分
服务内容	1. 舱门操作流程正确、动作规范，送客动作规范，清舱的内容全面、动作规范，飞行后讲评流程完整、正确（20分） 2. 舱门操作流程较正确、动作较规范，送客动作较规范，清舱的内容较全面、动作较规范，飞行后讲评流程完整、较正确（15分） 3. 舱门操作流程正确、动作不规范，送客动作不规范，清舱的内容较全面、动作不规范，飞行后讲评流程不完整、流程较正确（10分） 4. 舱门操作流程不正确、动作不规范，送客动作不规范，清舱的内容不全面、动作不规范，飞行后讲评流程不完整、不正确（5分）				
动作规范	1. 检查证件符合岗位规范（20分） 2. 检查证件较符合岗位规范（15分） 3. 检查证件基本符合岗位规范（10分） 4. 检查证件不符合岗位规范（5分）				

注：1. 每小组6人，分别扮演乘务长、区域乘务长和4名乘务员。各组需合作完成任务导入中的情景展示。
　　2. 实际得分 = 教师评价 ×40% + 小组互评 ×30% + 小组自评 ×30%。

练一练

一、填空题

1. 飞机落地后滑行时，乘务员将灯调至_____，并应维持好客舱秩序，提醒并控制乘客不要_____。

2. 清舱过程中，如发现可疑物品，应立即_____。

3. 乘务长在航后要听取乘务员的建议、意见，填写_____。

二、简答题

1. 请说明飞机落地后，乘务员的工作流程。

2. 请简述正常情况下舱门开启的步骤。

3. 请简述非正常情况下舱门开启的步骤。

参考文献

[1] 长黎宁. 民航客舱服务 [M]. 北京：高等教育出版社，2007.
[2] 杨桂芹. 民航客舱服务与管理 [M]. 北京：中国民航出版社，2011.
[3] 贾丽娟. 客舱服务技能与训练 [M]. 4 版. 北京：旅游教育出版社，2019.
[4] 周为民，苗俊霞，车云月. 民用航空客舱设备教程 [M]. 2 版. 北京：清华大学出版社，2020.
[5] 何梅. 民航客舱服务实务 [M]. 北京：国防工业出版社，2017.